DR. OETKER

Weihnachtliches Backen

DR. OETKER

Weihnachtliches Backen

Dr. Oetker Verlag

Vorwort

In den Wochen vor Weihnachten werden selbst Backmuffel von einem geheimnisvollen Backtrieb erfasst und beginnen nach Herzenslust zu rühren, zu kneten, auszustechen und Teig zu formen.
Bald duftet es im ganzen Haus nach den Gewürzen des Orients, nach Zimt, Vanille, Nelken, Kardamom und Zitrusfrüchten. Und alle verfügbaren Dosen werden mit Weihnachtsleckereien gefüllt und liebe Mitmenschen werden damit beschenkt.
In diesem Buch präsentieren wir Ihnen Klassisches und Neues von Plätzchen, über Kleingebäck, figürliches Backen, Konfekt bis hin zu Kuchen und Torten für die Festtage.
Alle Rezepte sind wie immer nachgebacken, von Dr. Oetker überprüft und so beschrieben, dass sie garantiert gelingen.

Abkürzungen

EL = Esslöffel
TL = Teelöffel
Msp. = Messerspitze
Pck. = Packung / Päckchen
g = Gramm
kg = Kilogramm
ml = Milliliter
l = Liter
evtl. = eventuell
geh. = gehäuft
gestr. = gestrichen
TK = Tiefkühlprodukt
°C = Grad Celsius
Ø = Durchmesser
E = Eiweiß
F = Fett
KH = Kohlenhydrate
kcal = Kilokalorie
kj = Kilojoule

Hinweise zu den Rezepten

Lesen Sie bitte vor der Zubereitung – besser noch vor dem Einkaufen – das Rezept einmal vollständig durch. Oft werden Arbeitsabläufe oder -zusammenhänge dann klarer. Die in den Rezepten angegebenen Backtemperaturen und -zeiten sind Richtwerte, die je nach individueller Hitzeleistung des Backofens über- oder unterschritten werden können. Bitte beachten Sie deshalb bei der Einstellung des Backofens die Gebrauchsanweisung des Herstellers und machen Sie gegen Ende der Backzeit eine Garprobe.

Zubereitungshinweise

Die Zubereitungszeit beinhaltet nur die Zeit für die eigentliche Zubereitung, die Backzeiten sind gesondert ausgewiesen. Längere Wartezeiten wie z. B. Kühlzeiten sind ebenfalls nicht mit einbezogen.

Kapitelübersicht

Kapitelübersicht

Plätzchen

Haselnuss-Sterne

Zutaten

etwa 85 Stück

Für den Knetteig:
350 g Weizenmehl
½ gestr. TL Backpulver
100 g Zucker
1 Pck. Vanillin-Zucker
3 Eigelb (Größe M)
200 g Butter oder Margarine

Für die Eiweißmasse:
3 Eiweiß (Größe M)
150 g Puderzucker
100 g gemahlene Haselnusskerne
50 g Raspelschokolade
3 Tropfen Bittermandel-Aroma

150 g enthäutete Haselnusskerne

Zubereitungszeit:
2 Stunden, ohne Kühlzeit

Pro Stück:
E: 1 g, F: 4 g, Kh: 8 g,
kJ: 298, kcal: 71

ETWAS AUFWÄNDIGER

1 Für den Teig Mehl mit Backpulver mischen, in eine Rührschüssel sieben. Zucker, Vanillin-Zucker, Eigelb und Butter oder Margarine hinzufügen. Die Zutaten mit Handrührgerät mit Knethaken zunächst kurz auf niedrigster, dann auf höchster Stufe gut durcharbeiten. Anschließend auf einer bemehlten Arbeitsfläche zu einem glatten Teig verkneten. Sollte er kleben, ihn in Folie gewickelt eine Zeit lang kalt stellen.

2 Den Teig auf der bemehlten Arbeitsfläche in kleinen Portionen etwa ½ cm dick ausrollen, mit einer Ausstechform Sterne ausstechen. Teigsterne auf Backbleche (gefettet, mit Backpapier belegt) legen.

3 Für die Eiweißmasse Eiweiß steif schlagen. Der Eischnee muss so fest sein, dass ein Messerschnitt sichtbar bleibt. Puderzucker sieben und portionsweise mit den Haselnusskernen, der Raspelschokolade und dem Aroma unterrühren. Die Masse in einen Spritzbeutel mit großer Lochtülle füllen, auf jeden Teigstern einen Tuff spritzen, je einen Haselnusskern darauf setzen und leicht andrücken. Die Backbleche nacheinander (bei Heißluft zusammen) in den Backofen schieben.

Ober-/Unterhitze: etwa 180 °C (vorgeheizt)
Heißluft: etwa 160 °C (vorgeheizt)
Gas: Stufe 2–3 (vorgeheizt)
Backzeit: etwa 10 Minuten je Backblech.

4 Sterne mit dem Backpapier von den Backblechen auf Kuchenroste ziehen, Sterne erkalten lassen, dann in einer gut schließenden Dose aufbewahren.

Weihnachtliche Porridge-Kekse

Zutaten

etwa 45 Stück

Zum Vorbereiten:
175 ml Milch
1 EL brauner Zucker (Rohrzucker)
1 Prise Salz
40 g blütenzarte Haferflocken

Für den Teig:
100 g Butter
75 g brauner Zucker (Rohrzucker)
1 Ei (Größe M)
100 g Weizenmehl (Type 550)
75 g Rosinen

Für die Füllung:
2 EL Pflaumenmus

Zubereitungszeit:
50 Minuten, ohne Abkühlzeit

Pro Stück:
E: 1 g, F: 2 g, Kh: 6 g, kJ: 198, kcal: 47

PREISWERT – EINFACH

1 Zum Vorbereiten Milch mit Zucker und Salz in einem Topf zum Kochen bringen. Haferflocken hinzufügen, nochmals unter Rühren gut aufkochen und erkalten lassen.

2 Für den Teig Butter mit Handrührgerät mit Rührbesen auf höchster Stufe geschmeidig rühren. Nach und nach Zucker unterrühren. So lange rühren, bis eine gebundene Masse entstanden ist.

3 Ei in etwa ½ Minute unterrühren. Haferflockenmasse hinzufügen. Gesiebtes Mehl und Rosinen auf niedrigster Stufe unterrühren.

4 Von dem Teig mit 2 Teelöffeln walnussgroße Häufchen abstechen und auf Backbleche (gefettet, mit Backpapier belegt) setzen. Mit einem Teelöffel jeweils eine kleine Vertiefung eindrücken.

5 Für die Füllung Pflaumenmus in einen Gefrierbeutel füllen, eine kleine Ecke abschneiden und jeweils in die Vertiefung der Teighäufchen einen Klecks spritzen. Die Backbleche nacheinander (bei Heißluft zusammen) in den Backofen schieben.

Ober-/Unterhitze: etwa 180 °C (vorgeheizt)
Heißluft: etwa 160 °C (vorgeheizt)
Gas: Stufe 2–3 (vorgeheizt)
Backzeit: etwa 15 Minuten je Backblech.

6 Die Kekse mit dem Backpapier von den Backblechen auf Kuchenroste ziehen. Kekse erkalten lassen.

Tipp: *Die Kekse in einer gut schließenden Dose aufbewahren und zwischen die einzelnen Lagen Backpapier legen.*

Haferflockenplätzchen

Zutaten

etwa 50 Stück

Für den Teig:
150 g Butter oder Margarine
150 g Rohrzucker (brauner Zucker)
6–8 Tropfen Bittermandel-Aroma
1 Ei (Größe M)
200 g zarte Haferflocken
100 g abgezogene, gemahlene Mandeln
1 gestr. TL Backpulver
1 Pck. Finesse Geriebene Zitronenschale

Zubereitungszeit:
45 Minuten, ohne Kühlzeit

Pro Stück:
E: 1 g, F: 4 g, Kh: 6 g, kJ: 272, kcal: 65

EINFACH

1 Für den Teig Butter oder Margarine mit Handrührgerät mit Rührbesen auf höchster Stufe geschmeidig rühren. Nach und nach Rohrzucker und Aroma unterrühren. So lange rühren, bis eine gebundene Masse entstanden ist. Ei in etwa ½ Minute unterrühren.

2 Haferflocken mit Mandeln, Backpulver und Zitronenschale mischen. Zwei Drittel davon auf mittlerer Stufe unterrühren. Restliches Haferflocken-Mandel-Gemisch mit den Händen auf einer leicht bemehlten Arbeitsfläche unterkneten. Den Teig in Folie gewickelt eine Zeit lang kalt stellen.

3 Den Teig auf der leicht bemehlten Arbeitsfläche etwa ½ cm dick ausrollen und mit einer Ausstechform Plätzchen ausstechen. Teigplätzchen auf Backbleche (mit Backpapier belegt) legen. Die Backbleche nacheinander (bei Heißluft zusammen) in den Backofen schieben.

Ober-/Unterhitze: etwa 180 °C (vorgeheizt)
Heißluft: etwa 160 °C (vorgeheizt)
Gas: Stufe 2–3 (vorgeheizt)
Backzeit: etwa 12 Minuten je Backblech.

4 Die Plätzchen mit dem Backpapier von den Backblechen auf Kuchenroste ziehen. Plätzchen erkalten lassen.

Tipp: *Anstelle von Finesse Geriebene Zitronenschale können Sie auch Finesse Orangenfrucht verwenden. Besprenkeln Sie die erkalteten Haferflockenplätzchen nach Belieben mit aufgelöster Kuvertüre. Anstelle von Rohrzucker können Sie auch Kandisfarin verwenden. Kandisfarin ist ebenfalls ein brauner Zucker, der aber etwas feinkörniger als Rohrzucker ist. Die Plätzchen sind in einer gut schließenden Dose 2–3 Wochen haltbar.*

Vanilleplätzchen

Zutaten

etwa 65 Stück

Für den Knetteig:
250 g Weizenmehl
1 gestr. TL Backpulver
75 g Zucker
2 Pck. Vanillin-Zucker
1 Ei (Größe M)
125 g Butter oder Margarine

Zum Besprenkeln:
50 g Halbbitter-Kuvertüre

Zubereitungszeit:
50 Minuten, ohne Abkühlzeit

Pro Stück:
E: 1 g, F: 2 g, Kh: 5 g,
kJ: 169, kcal: 40

EINFACH

1 Für den Teig Mehl mit Backpulver mischen und in eine Rührschüssel sieben. Zucker, Vanillin-Zucker, Ei und Butter oder Margarine hinzufügen. Die Zutaten mit Handrührgerät mit Knethaken zunächst kurz auf niedrigster, dann auf höchster Stufe gut durcharbeiten.

2 Anschließend auf einer bemehlten Arbeitsfläche zu einem glatten Teig verkneten. Sollte er kleben, ihn in Folie gewickelt eine Zeit lang kalt stellen.

3 Den Teig auf der bemehlten Arbeitsfläche portionsweise dünn ausrollen, mit einer runden Ausstechform Plätzchen (Ø etwa 4 cm) ausstechen. Teigplätzchen auf Backbleche (gefettet, mit Backpapier belegt) legen. Die Backbleche nacheinander (bei Heißluft zusammen) in den Backofen schieben.

Ober-/Unterhitze: etwa 180 °C (vorgeheizt)
Heißluft: etwa 160 °C (vorgeheizt)
Gas: Stufe 2–3 (vorgeheizt)
Backzeit: etwa 12 Minuten je Backblech.

4 Die Plätzchen mit dem Backpapier von den Backblechen auf Kuchenroste ziehen. Plätzchen erkalten lassen.

5 Zum Besprenkeln Kuvertüre in Stücke hacken, in einem kleinen Topf im Wasserbad bei schwacher Hitze zu einer geschmeidigen Masse verrühren. Die Plätzchen auf dem Backpapier liegen lassen und mit Hilfe eines Teelöffels mit der Kuvertüre besprenkeln. Trocknen lassen.

Tipp: *Durch die Zugabe von 1 Päckchen Finesse Orangenfrucht oder Finesse Geriebene Zitronenschale lassen sich die Vanilleplätzchen geschmacklich einfach und schnell abwandeln. Die Vanilleplätzchen sind etwa 4 Wochen haltbar.*

Johannistaler

Zutaten

etwa 30 Stück

Für den Knetteig:
250 g Weizenmehl
2 gestr. TL Backpulver
100 g Zucker
1 Pck. Vanillin-Zucker
1 Ei (Größe M)
125 g Butter oder Margarine

Für den hellen Guss:
200 g gesiebter Puderzucker
1 EL Rum
2–3 EL Wasser

Für den dunklen Guss:
75 g Puderzucker
1 leicht geh. TL Kakaopulver
etwa 1 EL Weinbrand

Zum Bestreichen:
3 EL rotes Johannisbeergelee

Zubereitungszeit:
2 Stunden, ohne Abkühlzeit

Pro Stück:
E: 1 g, F: 4 g, Kh: 19 g,
kJ: 500, kcal: 119

DAUERT LÄNGER - AUFWÄNDIG - MIT ALKOHOL

1 Für den Teig Mehl mit Backpulver mischen und in eine Rührschüssel sieben. Zucker, Vanillin-Zucker, Ei und Butter oder Margarine hinzufügen. Die Zutaten mit Handrührgerät mit Knethaken zunächst kurz auf niedrigster, dann auf höchster Stufe gut durcharbeiten. Anschließend auf einer bemehlten Arbeitsfläche zu einem glatten Teig verkneten. Sollte er kleben, ihn in Folie gewickelt eine Zeit lang kalt stellen.

2 Den Teig auf der bemehlten Arbeitsfläche portionsweise dünn ausrollen und mit einer runden Ausstechform (Ø etwa 5 cm) etwa 60 Plätzchen ausstechen. Die Hälfte der Teigplätzchen mit einer kleineren Ausstechform (Ø etwa 2 cm) oder einer großen Lochtülle so ausstechen, dass Ringe entstehen.

3 Teigplätzchen und -ringe auf Backbleche (mit Backpapier belegt) legen. Die Backbleche nacheinander (bei Heißluft zusammen) in den Backofen schieben.

Ober-/Unterhitze: 180–200 °C (vorgeheizt)
Heißluft: 160–180 °C (vorgeheizt)
Gas: etwa Stufe 3 (vorgeheizt)
Backzeit: 6–8 Minuten je Backblech.

4 Die Plätzchen mit dem Backpapier von den Backblechen auf Kuchenroste ziehen. Plätzchen erkalten lassen.

5 Für den hellen Guss Puderzucker mit Rum und Wasser zu einer dickflüssigen Masse verrühren. Für den dunklen Guss Puderzucker mit Kakao mischen, sieben, mit Weinbrand zu einer dickflüssigen Masse verrühren. Die Masse in ein Pergamentpapiertütchen oder einen Gefrierbeutel füllen und eine kleine Ecke abschneiden. Jedes Ringplätzchen mit dem hellem Guss bestreichen und sofort mit dem braunen Guss einen dünnen Ring darauf spritzen. Mit einem Holzstäbchen mehrere Male vom Rand aus zur Mitte leicht durch den Guss ziehen. Guss fest werden lassen.

6 Zum Bestreichen Gelee glatt rühren, jedes ganze Plätzchen mit Gelee bestreichen. Je ein Ringplätzchen darauf legen.

Nusstaler

Zutaten
etwa 60 Stück

Für den Knetteig:
200 g Weizenmehl
50 g Speisestärke
1 gestr. TL Backpulver
125 g Zucker
1 Pck. Vanillin-Zucker
2 Tropfen Bittermandel-Aroma
1 Prise Salz
1 Ei (Größe M)
125 g Butter oder Margarine
125 g Haselnusskerne

Zubereitungszeit:
45 Minuten, ohne Kühlzeit

Pro Stück:
E: 1 g, F: 3 g, Kh: 6 g, kJ: 233, kcal: 56

EINFACH – SCHNELL

1 Für den Teig Mehl mit Speisestärke und Backpulver mischen, in eine Rührschüssel sieben. Zucker, Vanillin-Zucker, Aroma, Salz, Ei und Butter oder Margarine hinzufügen. Die Zutaten mit Handrührgerät mit Knethaken zunächst kurz auf niedrigster, dann auf höchster Stufe gut durcharbeiten. Haselnusskerne grob hacken und kurz unterkneten.

2 Anschließend auf einer bemehlten Arbeitsfläche zu einem glatten Teig verkneten. Aus dem Teig 2 Rollen (Ø etwa 3 cm) formen. Die Teigrollen in Folie gewickelt so lange kalt stellen, bis sie fest (hart) geworden sind.

3 Die Teigrollen mit einem scharfen Messer in etwa ½ cm dicke Scheiben schneiden. Die Teigscheiben auf Backbleche (mit Backpapier belegt) legen. Die Backbleche nacheinander (bei Heißluft zusammen) in den Backofen schieben.

Ober-/Unterhitze: etwa 180 °C (vorgeheizt)
Heißluft: etwa 160 °C (vorgeheizt)
Gas: Stufe 2–3 (vorgeheizt)
Backzeit: 10–15 Minuten je Backblech.

4 Die Nusstaler mit dem Backpapier von den Backblechen auf Kuchenroste ziehen. Nusstaler erkalten lassen.

Tipp: *Die Nusstaler sind in einer gut schließenden Dose etwa 4 Wochen haltbar. Statt Haselnusskernen können auch ungesalzene Erdnusskerne verwendet werden.*

Punschherzen

Zutaten

etwa 35 Stück

Für den Knetteig:
250 g Weizenmehl
1 gestr. TL Backpulver
75 g Zucker
1 Pck. Vanillin-Zucker
½ Pck. Finesse Orangenfrucht
2 Eier (Größe M)
100 g Butter
50 g abgezogene, gemahlene Mandeln

Für die Punschfüllung:
250 ml (¼ l) Rotwein
100 g Zucker
1 Beutel Glühwein-Gewürz
2 TL Speisestärke
4 EL Rotwein

Für den Guss:
75 g gesiebter Puderzucker
etwa 2 TL Rum

2 geh. TL Johannisbeergelee

Zubereitungszeit:
100 Minuten, ohne Abkühl- und Trockenzeit

Pro Stück:
E: 2 g, F: 4 g, Kh: 15 g, kJ: 449, kcal: 107

MIT ALKOHOL

1 Für den Teig Mehl mit Backpulver mischen und in eine Rührschüssel sieben. Zucker, Vanillin-Zucker, Orangenfrucht, Eier, Butter und Mandeln hinzufügen. Die Zutaten mit Handrührgerät mit Knethaken zunächst kurz auf niedrigster, dann auf höchster Stufe gut durcharbeiten.

2 Anschließend auf einer bemehlten Arbeitsfläche zu einem glatten Teig verkneten. Sollte er kleben, ihn in Folie gewickelt eine Zeit lang kalt stellen.

3 Den Teig auf der leicht bemehlten Arbeitsfläche portionsweise dünn ausrollen, mit einem Ausstecher Herzen ausstechen und auf Backbleche (mit Backpapier belegt) legen. Die Backbleche nacheinander (bei Heißluft zusammen) in den Backofen schieben.

Ober-/Unterhitze: etwa 180 °C (vorgeheizt)
Heißluft: etwa 160 °C (vorgeheizt)
Gas: Stufe 2–3 (vorgeheizt)
Backzeit: etwa 10 Minuten je Backblech.

4 Die Herzen mit dem Backpapier von den Backblechen auf Kuchenroste ziehen. Herzen erkalten lassen.

5 Für die Füllung Rotwein und Zucker in einem kleinen Topf zum Kochen bringen und 3–4 Minuten kochen lassen. Gewürzbeutel hinzugeben und eine Zeit lang darin ziehen lassen. Beutel herausnehmen. Speisestärke mit Rotwein anrühren. Angerührte Speisestärke unter Rühren in den von der Kochstelle genommenen Rotwein geben, kurz aufkochen lassen. Den Topf von der Kochstelle nehmen. Punsch abkühlen lassen.

6 Die Hälfte der Herzen auf der Unterseite mit der Punschfüllung bestreichen und mit jeweils 1 Herz zusammensetzen.

7 Für den Guss Puderzucker mit Rum zu einer dickflüssigen Masse verrühren. Die Oberflächen der Herzen damit bestreichen.

(Fortsetzung Seite 22)

8 Johannisbeergelee in einem Topf unter Rühren erwärmen. Jeweils einige Tropfen davon auf den noch feuchten Puderzuckerguss geben und mit einem Holzstäbchen so durchziehen, dass ein Marmormuster entsteht. Den Guss trocknen lassen.

Choco-Cookies

Zutaten

etwa 35 Stück

Für den Rührteig:
150 g Butter oder Margarine
100 g Zucker
150 g Kandisfarin (brauner Zucker)
1 Pck. Bourbon-Vanille-Zucker
1 Prise Salz
2 Eier (Größe M)
200 g Weizenmehl
1 gestr. TL Backpulver
1 geh. TL Lebkuchengewürz
80 g fein gehackte Haselnusskerne
75 g grob geriebene Vollmilchschokolade
75 g grob geriebene Zartbitterschokolade

Zubereitungszeit:
40 Minuten

Pro Stück:
E: 2 g, F: 7 g, Kh: 14 g, kJ: 532, kcal: 127

FÜR KINDER

1 Für den Teig Butter oder Margarine mit Handrührgerät mit Rührbesen auf höchster Stufe geschmeidig rühren. Nach und nach Zucker, Kandisfarin, Vanille-Zucker und Salz unterrühren. So lange rühren, bis eine gebundene Masse entstanden ist.

2 Eier nach und nach unterrühren (jedes Ei etwa ½ Minute). Mehl mit Backpulver mischen, sieben, portionsweise mit dem Lebkuchengewürz auf mittlerer Stufe unterrühren. Zuletzt Haselnusskerne und Schokolade unterrühren.

3 Den Teig mit 2 Teelöffeln in haselnussgroßen Häufchen nicht zu dicht nebeneinander auf Backbleche (gefettet, mit Backpapier belegt) setzen. Die Backbleche nacheinander (bei Heißluft zusammen) in den Backofen schieben.

Ober-/Unterhitze: etwa 180 °C (vorgeheizt)
Heißluft: etwa 160 °C (vorgeheizt)
Gas: Stufe 2–3 (vorgeheizt)
Backzeit: 10–15 Minuten je Backblech.

4 Choco-Cookies mit dem Backpapier von den Backblechen auf Kuchenroste ziehen und die Cookies erkalten lassen.

Tipp: *Die Choco-Cookies in einer gut schließenden Dose aufbewahren, damit sie nicht weich werden.*

Orangenbiskuitplätzchen

Zutaten

etwa 55 Stück

Für den Biskuitteig:
3 Eier (Größe M)
3 EL Orangensaft
150 g Zucker
1 Pck. Vanillin-Zucker
175 g Weizenmehl
1 Pck. Finesse Orangenfrucht

Für den Guss:
100 g gesiebter Puderzucker
2 EL Orangensaft
etwa 75 g Halbbitter-Kuvertüre

Zubereitungszeit:
85 Minuten, ohne Abkühlzeit

Pro Stück:
E: 1 g, F: 1 g, Kh: 8 g,
kJ: 183, kcal: 44

FÜR KINDER

1 Für den Teig Eier und Orangensaft mit Handrührgerät mit Rührbesen auf höchster Stufe in 1 Minute schaumig schlagen. Zucker und Vanillin-Zucker mischen, in 1 Minute einstreuen, dann noch etwa 2 Minuten schlagen.

2 Die Hälfte des Mehls auf die Eiercreme sieben und kurz auf niedrigster Stufe unterrühren. Restliches Mehlgemisch auf die gleiche Weise unterarbeiten. Zuletzt Orangenfrucht unterheben.

3 Den Teig mit Hilfe von 2 Teelöffeln in gut walnussgroßen Häufchen auf Backbleche (gefettet, mit Backpapier belegt) nicht zu dicht nebeneinander setzen. Die Backbleche nacheinander (bei Heißluft zusammen) in den Backofen schieben.

Ober-/Unterhitze: etwa 200 °C (vorgeheizt)
Heißluft: etwa 180 °C (vorgeheizt)
Gas: Stufe 3–4 (vorgeheizt)
Backzeit: etwa 15 Minuten je Backblech.

4 Die Plätzchen mit dem Backpapier von den Backblechen auf Kuchenroste ziehen. Plätzchen erkalten lassen.

5 Für den Guss Puderzucker mit Orangensaft zu einer dickflüssigen Masse verrühren. Den Guss in ein Pergamentpapiertütchen oder einen Gefrierbeutel füllen, eine kleine Ecke abschneiden und eine Spirale auf die Plätzchen spritzen.

6 Kuvertüre hacken, in einem kleinen Topf im Wasserbad bei schwacher Hitze unter Rühren auflösen, ebenfalls in ein Pergamentpapiertütchen oder einen Gefrierbeutel füllen, eine kleine Ecke abschneiden und eine zweite Spirale auf die Plätzchen spritzen. Den Guss fest werden lassen.

Tipp: *Die Plätzchen in einer gut schließenden Dose aufbewahren und zwischen die einzelnen Lagen Backpapier legen. Die Plätzchen können auch mit aufgelöster Kuvertüre besprenkelt oder mit einem Puderzuckerguss überzogen werden.*

Mandelsterne

Zutaten

etwa 100 Stück

Für den Knetteig:
300 g Weizenmehl
20 g Kakaopulver
1 gestr. TL Backpulver
75 g Zucker
1 Pck. Vanillin-Zucker
3 Tropfen Bittermandel-Aroma
3 EL Milch
175 g Butter oder Margarine

Zum Bestreichen:
etwas Kondensmilch

Zum Bestreuen:
50 g Zucker
200 g abgezogene, gehobelte Mandeln

Zubereitungszeit:
70 Minuten, ohne Kühlzeit

Pro Stück:
E: 1 g, F: 3 g, Kh: 4 g, kJ: 183, kcal: 44

EINFACH

1 Für den Teig Mehl mit Kakao und Backpulver mischen, in eine Rührschüssel sieben. Zucker, Vanillin-Zucker, Aroma, Milch und Butter oder Margarine hinzufügen. Die Zutaten mit Handrührgerät mit Knethaken zunächst kurz auf niedrigster, dann auf höchster Stufe gut durcharbeiten.

2 Anschließend auf einer bemehlten Arbeitsfläche zu einem glatten Teig verkneten. Sollte er kleben, ihn in Folie gewickelt eine Zeit lang kalt stellen.

3 Den Teig portionsweise auf der bemehlten Arbeitsfläche knapp ½ cm dick ausrollen und mit einer Ausstechform Sterne ausstechen. Teigsterne auf Backbleche (mit Backpapier belegt) legen. Die Teigsterne mit Kondensmilch bestreichen, mit Zucker und Mandeln bestreuen.

4 Die Backbleche nacheinander (bei Heißluft zusammen) in den Backofen schieben.

Ober-/Unterhitze: etwa 180 °C (vorgeheizt)
Heißluft: etwa 160 °C (vorgeheizt)
Gas: Stufe 2–3 (vorgeheizt)
Backzeit: etwa 10 Minuten je Backblech.

5 Die Mandelsterne mit dem Backpapier von den Backblechen auf Kuchenroste ziehen. Mandelsterne erkalten lassen.

Lebkuchensterne

Zutaten
etwa 60 Stück

Für den Lebkuchenteig:
125 g flüssiger Honig
200 g Zucker
1 Pck. Vanillin-Zucker
150 g Butter oder Margarine
4 EL Milch
3 Tropfen Bittermandel-Aroma
1 gestr. TL gemahlener Zimt
400 g Weizenmehl
100 g Speisestärke
2 gestr. EL Kakaopulver
1 Pck. Backpulver

Für den Guss:
200 g gesiebter Puderzucker
2–3 EL Zitronensaft
evtl. Speisefarbe

Zubereitungszeit:
95 Minuten, ohne Abkühlzeit

Pro Stück:
E: 1 g, F: 2 g, Kh: 15 g,
kJ: 353, kcal: 85

ZUM VERSCHENKEN

1 Für den Teig Honig mit Zucker, Vanillin-Zucker, Butter oder Margarine und Milch in einem Topf langsam erwärmen, bis sich Honig und Zucker aufgelöst haben. Die Masse in eine Rührschüssel geben und abkühlen lassen.

2 Unter die fast erkaltete Masse mit Handrührgerät mit Rührbesen auf höchster Stufe Aroma und Zimt rühren. Mehl mit Speisestärke, Kakao und Backpulver mischen, sieben, zwei Drittel davon portionsweise auf mittlerer Stufe unterrühren. Den Teigbrei mit dem restlichen Mehlgemisch auf einer Arbeitsfläche zu einem glatten Teig verkneten. Sollte er kleben, ihn in Folie gewickelt eine Zeit lang kalt stellen.

3 Den Teig auf der bemehlten Arbeitsfläche portionsweise etwa ½ cm dick ausrollen, mit einer Ausstechform Sterne ausstechen und auf Backbleche (mit Backpapier belegt) legen. Die Backbleche nacheinander (bei Heißluft zusammen) in den Backofen schieben.

Ober-/Unterhitze: 180–200 °C (vorgeheizt)
Heißluft: 160–180 °C (vorgeheizt)
Gas: Stufe 3–4 (vorgeheizt)
Backzeit: 10–15 Minuten je Backblech.

4 Die Sterne mit dem Backpapier von den Backblechen auf Kuchenroste ziehen. Sterne erkalten lassen.

5 Für den Guss Puderzucker und Zitronensaft zu einer dickflüssigen Masse verrühren, nach Belieben mit etwas Speisefarbe einfärben. Die Masse in ein Pergamentpapiertütchen oder einen Gefrierbeutel füllen, eine kleine Ecke abschneiden. Die Sterne mit dem Guss verzieren, fest werden lassen.

Tipp: *Aus dem Teig lassen sich auch sehr gut verschiedene Motive ausstechen, z. B. Engel oder Nikoläuse. In Folie eingepackt ein ideales Geschenk zum Nikolaustag.*

Honigfinger

Zutaten

etwa 75 Stück

Für den Knetteig:
250 g Weizenmehl
2 gestr. TL Backpulver
200 g Zucker
½ TL gemahlene Nelken
2 gestr. TL Lebkuchengewürz
1 gestr. TL gemahlener Zimt
1 Pck. Finesse Geriebene Zitronenschale
3 EL flüssiger Honig
2 Eier (Größe M)
100 g fein gehackte Haselnusskerne

Zubereitungszeit:
65 Minuten

Pro Stück:
E: 1 g, F: 1 g, Kh: 6 g,
kJ: 152 , kcal: 36

GUT VORZUBEREITEN

1 Für den Teig Mehl mit Backpulver mischen und in eine Rührschüssel sieben. Zucker, Nelken, Lebkuchengewürz, Zimt, Zitronenschale, Honig, Eier und Haselnusskerne hinzufügen. Die Zutaten mit Handrührgerät mit Knethaken zunächst kurz auf niedrigster, dann auf höchster Stufe gut durcharbeiten.

2 Anschließend auf einer bemehlten Arbeitsfläche zu einem glatten Teig verkneten. Sollte er kleben, ihn in Folie gewickelt eine Zeit lang kalt stellen.

3 Aus dem Teig Rollen wie ein Finger formen (etwa 4 cm lang und 1,5 cm breit) und mit großem Abstand auf Backbleche (mit Backpapier belegt) legen. Die Backbleche nacheinander (bei Heißluft zusammen) in den Backofen schieben.

Ober-/Unterhitze: etwa 180 °C (vorgeheizt)
Heißluft: etwa 160 °C (vorgeheizt)
Gas: Stufe 2–3 (vorgeheizt)
Backzeit: 12–15 Minuten je Backblech.

4 Die Honigfinger mit dem Backpapier von den Backblechen auf Kuchenroste ziehen. Honigfinger erkalten lassen.

Tipp: *Honigfinger 2–3 Wochen vor Weihnachten backen, damit die Gewürze gut durchziehen können und in gut schließenden Blechdosen aufbewahren.*

Gefüllte Marzipanstangen

Zutaten

etwa 35 Stück

Für den Rührteig:
200 g Marzipan-Rohmasse
175 g Butter oder Margarine
100 g Zucker
1 Pck. Vanillin-Zucker
1 Ei (Größe M)
3 Tropfen Zitronen-Aroma
200 g Weizenmehl
50 g Speisestärke

Zum Bestreichen:
etwa 4 EL Sauerkirsch-konfitüre

Für den Guss:
150 g Halbbitter-Kuvertüre
1 TL Speiseöl

Zubereitungszeit:
90 Minuten, ohne Abkühlzeit

Pro Stück:
E: 2 g, F: 8 g, Kh: 15 g,
kJ: 594, kcal: 142

FÜR GEÜBTE

1 Für den Teig Marzipan-Rohmasse in feine Würfel schneiden. Marzipanwürfel und Butter oder Margarine in eine Rührschüssel geben und mit Handrührgerät mit Rührbesen auf höchster Stufe geschmeidig rühren. Zucker, Vanillin-Zucker, Ei und Aroma unterrühren.

2 Mehl mit Speisestärke mischen, sieben und portionsweise auf mittlerer Stufe unterrühren. Den Teig in kleinen Portionen in einen Spritzbeutel mit Sterntülle füllen und etwa 5 cm lange, nach Belieben leicht gewellte Stangen auf Backbleche (gefettet, mit Backpapier belegt) spritzen. Die Backbleche nacheinander (bei Heißluft zusammen) in den Backofen schieben.

Ober-/Unterhitze: etwa 180 °C (vorgeheizt)
Heißluft: etwa 160 °C (vorgeheizt)
Gas: Stufe 2–3 (vorgeheizt)
Backzeit: 10–12 Minuten je Backblech.

3 Die Marzipanstangen mit dem Backpapier von den Backblechen auf Kuchenroste ziehen. Marzipanstangen erkalten lassen.

4 Zum Bestreichen Konfitüre durch ein Sieb streichen. Die Hälfte der Marzipanstangen auf der Unterseite damit bestreichen. Restliche Stangen darauf setzten und andrücken.

5 Für den Guss Kuvertüre in kleine Stücke hacken, mit Speisöl in einem kleinen Topf im Wasserbad bei schwacher Hitze zu einer geschmeidigen Masse verrühren. Die Marzipanstangen mit den Enden hineintauchen und auf Backpapier legen. Guss fest werden lassen.

Tipp: *Anstelle der Sauerkirschkonfitüre kann auch Aprikosenkonfitüre oder Orangenmarmelade verwendet werden. Das gefüllte Gebäck ist 2 Wochen haltbar (es wird mit der Zeit immer weicher). Ohne Füllung halten die Stangen etwa 4 Wochen.*

Eierkränzchen

Zutaten

etwa 80 Stück

Für den Rührteig:
250 g Butter oder Margarine
125 g Zucker
2 Pck. Vanillin-Zucker
1 Ei (Größe M)
3 Eigelb (Größe M)
250 g Weizenmehl
150 g Speisestärke

Für den Guss:
150 g Halbbitter-Kuvertüre
2 TL Speiseöl

Nach Belieben zum Bestreuen:
evtl. Hagelzucker
evtl. fein gehacktes Zitronat

Zubereitungszeit:
25 Minuten, ohne Abkühlzeit

Pro Stück:
E: 1 g, F: 4 g, Kh: 7 g,
kJ: 270, kcal: 64

FÜR KINDER

1 Für den Teig Butter oder Margarine mit Handrührgerät mit Rührbesen auf höchster Stufe geschmeidig rühren. Nach und nach Zucker und Vanillin-Zucker unterrühren. So lange rühren, bis eine gebundene Masse entstanden ist. Ei und Eigelb nach und nach unterrühren (Ei etwa ½ Minute, Eigelb knapp ½ Minute).

2 Mehl mit Speisestärke mischen, sieben und portionsweise auf mittlerer Stufe unterrühren. Den Teig in einen Spritzbeutel mit Sterntülle füllen und Kränzchen (Ø etwa 4 cm) auf Backbleche (gefettet, mit Backpapier belegt) spritzen. Die Backbleche nacheinander (bei Heißluft zusammen) in den Backofen schieben.

Ober-/Unterhitze: etwa 200 °C (vorgeheizt)
Heißluft: etwa 180 °C (vorgeheizt)
Gas: Stufe 3–4 (vorgeheizt)
Backzeit: etwa 10 Minuten je Backblech.

3 Die Kränzchen mit dem Backpapier von den Backblechen auf Kuchenroste ziehen. Kränzchen erkalten lassen.

4 Für den Guss Kuvertüre in kleine Stücke hacken, mit Speiseöl in einem kleinen Topf im Wasserbad bei schwacher Hitze zu einer geschmeidigen Masse verrühren. Die Kränzchen zur Hälfte in die Kuvertüre eintauchen und auf Backpapier legen. Nach Belieben mit Hagelzucker oder Zitronat bestreuen. Guss fest werden lassen.

Tipp: *Nach Belieben Geschenkbändchen oder Schleifenband durch die Eierkränzchen ziehen und als Geschenkanhänger oder Christbaumschmuck verwenden. Die Eierkränzchen können auch mit der aufgelösten Kuvertüre besprenkelt werden, dann sind 75 g Kuvertüre ausreichend. Das Gebäck ist 3–4 Wochen haltbar.*

Dreispitze

Zutaten

etwa 60 Stück

Für den Knetteig:
250 g Weizenmehl
1 Msp. Backpulver
65 g Zucker
1 Pck. Vanillin-Zucker
1 Eigelb (Größe M)
½ Fläschchen Rum-Aroma
½ Pck. Finesse Orangenfrucht
125 g Butter oder Margarine

Für die Füllung:
100 g gemahlene Haselnusskerne
50 g Zucker
1 ½ Eiweiß (Größe M)
½ Fläschchen Rum-Aroma
½ Pck. Finesse Orangenfrucht
etwa 2 EL Orangensaft
40 g Korinthen

Zum Bestreichen:
½ verschlagenes Eiweiß
1 Eigelb, 1 EL Milch

Zubereitungszeit:
110 Minuten, ohne Kühlzeit

Pro Stück:
E: 1 g, F: 3 g, Kh: 6 g,
kJ: 236, kcal: 56

ETWAS SCHWIERIGER – FÜR GEÜBTE

1 Für den Teig Mehl mit Backpulver mischen und in eine Rührschüssel sieben. Zucker, Vanillin-Zucker, Eigelb, Aroma, Orangenfrucht und Butter oder Margarine hinzufügen. Die Zutaten mit Handrührgerät mit Knethaken zunächst kurz auf niedrigster, dann auf höchster Stufe gut durcharbeiten.

2 Anschließend auf einer bemehlten Arbeitsfläche zu einem glatten Teig verkneten. Sollte er kleben, ihn in Folie gewickelt eine Zeit lang kalt stellen.

3 Für die Füllung Haselnusskerne mit Zucker, Eiweiß, Aroma, Orangenfrucht und Orangensaft zu einer geschmeidigen Masse verrühren. Korinthen unterrühren.

4 Den Teig auf der bemehlten Arbeitsfläche portionsweise etwa knapp ½ cm dick ausrollen und mit einer Ausstechform runde Plätzchen (Ø etwa 4 cm) ausstechen. Die Teigplätzchen mit Eiweiß bestreichen. In die Mitte je ein haselnussgroßes Häufchen von der Füllung geben. Den Teig an drei Seiten zur Mitte hochziehen und zu einem Dreispitz zusammendrücken.

5 Die Teigstücke auf Backbleche (mit Backpapier belegt) setzen. Eigelb mit Milch verschlagen, die Teigstücke damit bestreichen. Die Backbleche nacheinander (bei Heißluft zusammen) in den Backofen schieben.

Ober-/Unterhitze: etwa 200 °C (vorgeheizt)
Heißluft: etwa 180 °C (vorgeheizt)
Gas: etwa Stufe 4 (vorgeheizt)
Backzeit: etwa 15 Minuten je Backblech.

6 Die Dreispitze mit dem Backpapier von den Backblechen auf Kuchenroste ziehen. Dreispitze erkalten lassen.

Tipp: *Die Dreispitze sind in einer gut schließenden Dose (nicht zu warm lagern) etwa 4 Wochen haltbar. Sie werden nach einiger Zeit etwas weicher.*

Walnussplätzchen

Zutaten

etwa 50 Stück

Für den Knetteig:
300 g Weizenmehl
200 g Zucker
1 Pck. Vanillin-Zucker
1 Fläschchen Rum-Aroma
3 Tropfen Bittermandel-Aroma
1 Msp. gemahlener Kardamom
1 Prise Salz
200 g Butter oder Margarine
150 g gemahlene Walnusskerne

Zum Bestreichen:
rotes Johannisbeergelee

Zum Garnieren:
50 g Halbbitter-Kuvertüre
200 g halbierte Walnusskerne

Für den Guss:
150–200 g Kuchenglasur
Zitronen-Geschmack

Zubereitungszeit:
2 Stunden, ohne Abkühlzeit

Pro Stück:
E: 2 g, F: 7 g, Kh: 14 g,
kJ: 536, kcal: 128

ETWAS AUFWÄNDIGER

1 Für den Teig Mehl in eine Rührschüssel sieben. Zucker, Vanillin-Zucker, Aromen, Kardamom, Salz, Butter oder Margarine und Walnusskerne hinzufügen. Die Zutaten mit Handrührgerät mit Knethaken zunächst kurz auf niedrigster, dann auf höchster Stufe gut durcharbeiten.

2 Anschließend auf einer bemehlten Arbeitsfläche zu einem glatten Teig verkneten. Sollte er kleben, ihn in Folie gewickelt eine Zeit lang kalt stellen.

3 Den Teig portionsweise auf der bemehlten Arbeitsfläche dünn ausrollen und mit einer runden Ausstechform (Ø etwa 4 cm) etwa 100 Plätzchen ausstechen. Teigplätzchen auf Backbleche (mit Backpapier belegt) legen. Die Backbleche nacheinander (bei Heißluft zusammen) in den Backofen schieben.

Ober-/Unterhitze: etwa 180 °C (vorgeheizt)
Heißluft: etwa 160 °C (vorgeheizt)
Gas: Stufe 2–3 (vorgeheizt)
Backzeit: etwa 10 Minuten je Backblech.

4 Die Plätzchen mit dem Backpapier von den Backblechen auf Kuchenroste ziehen. Plätzchen erkalten lassen.

5 Zum Bestreichen Johannisbeergelee glatt rühren. Die Hälfte der Plätzchen auf der Unterseite mit dem Gelee bestreichen, die restlichen Plätzchen darauf legen, andrücken.

6 Zum Garnieren Kuvertüre in Stücke hacken, in einem kleinen Topf im Wasserbad bei schwacher Hitze zu einer geschmeidigen Masse verrühren. Walnusskerne jeweils zur Hälfte in die Kuvertüre tauchen, auf Backpapier legen und die Kuvertüre fest werden lassen.

7 Für den Guss die Kuchenglasur nach Packungsanleitung auflösen. Die Plätzchen damit bestreichen und mit den Walnusskernhälften garnieren.

Nougat-Tuffs

Zutaten

etwa 35 Stück

Für den Rührteig:
175 g Butter oder Margarine
150 g gesiebter Puderzucker
1 Pck. Vanillin-Zucker
2 Eigelb (Größe M)
250 g Weizenmehl
1 Msp. Backpulver
1 gut geh. EL Kakaopulver

Für die Füllung:
150–200 g Nuss-Nougat

Zum Besprenkeln:
25 g Halbbitter-Kuvertüre
etwas Kokosfett

Zubereitungszeit:
80 Minuten, ohne Abkühlzeit

Pro Stück:
E: 2 g, F: 6 g, Kh: 13 g,
kJ: 503, kcal: 120

FÜR KINDER

1 Für den Teig Butter oder Margarine mit Handrührgerät mit Rührbesen auf höchster Stufe geschmeidig rühren. Nach und nach Puderzucker und Vanillin-Zucker unterrühren. So lange rühren, bis eine gebundene Masse entstanden ist. Eigelb nach und nach unterrühren (jedes Eigelb knapp ½ Minute).

2 Mehl mit Backpulver und Kakao mischen, sieben und portionsweise auf mittlerer Stufe unterrühren. Den Teig portionsweise in einen Spritzbeutel mit Sterntülle füllen. Tuffs (Ø etwa 2 cm) auf Backbleche (gefettet, mit Backpapier belegt) spritzen. Die Backbleche nacheinander (bei Heißluft zusammen) in den Backofen schieben.

Ober-/Unterhitze: etwa 180 °C (vorgeheizt)
Heißluft: etwa 160 °C (vorgeheizt)
Gas: Stufe 2–3 (vorgeheizt)
Backzeit: etwa 12 Minuten je Backblech.

3 Die Plätzchen mit dem Backpapier von den Backblechen auf Kuchenroste ziehen. Plätzchen erkalten lassen.

4 Für die Füllung Nuss-Nougat nach Packungsanleitung auflösen. Die Hälfte der Plätzchen mit Hilfe eines Messers auf der Unterseite dick damit bestreichen. Die restlichen Plätzchen mit der Unterseite darauf legen. Nuss-Nougat fest werden lassen.

5 Zum Besprenkeln Kuvertüre in kleine Stücke hacken, mit Kokosfett in einem kleinen Topf im Wasserbad bei schwacher Hitze zu einer geschmeidigen Masse verrühren. Die Plätzchen damit besprenkeln (mit Hilfe eines Teelöffels). Kuvertüre fest werden lassen.

Halbmonde

Zutaten

etwa 65 Stück

Für den Knetteig:
250 g Weizenmehl
½ gestr. TL Backpulver
125 g Zucker
1 Pck. Vanillin-Zucker
je 1 Messerspitze Zimt, Kardamom, Nelken und Muskatblüte (alles gemahlen)
1 Ei (Größe M)
125 g Butter oder Margarine
100 g gehackte Haselnusskerne

Für den Guss:
150 g Halbbitter-Kuvertüre
1 TL Speiseöl

Zubereitungszeit:
65 Minuten, ohne Abkühlzeit

Pro Stück:
E: 1 g, F: 4 g, Kh: 6 g,
kJ: 261, kcal: 62

EINFACH

1 Für den Teig Mehl und Backpulver mischen und in eine Rührschüssel sieben. Zucker, Vanillin-Zucker, Gewürze, Ei, Butter oder Margarine und Haselnusskerne hinzufügen. Die Zutaten mit Handrührgerät mit Knethaken zunächst kurz auf niedrigster, dann auf höchster Stufe gut durcharbeiten.

2 Anschließend auf einer bemehlten Arbeitsfläche zu einem glatten Teig verkneten. Sollte er kleben, ihn in Folie gewickelt eine Zeit lang kalt stellen.

3 Den Teig auf der bemehlten Arbeitsfläche portionsweise knapp ½ cm dick ausrollen und mit einer Ausstechform Halbmonde ausstechen. Halbmonde auf Backbleche (mit Backpapier belegt) legen. Die Backbleche nacheinander (bei Heißluft zusammen) in den Backofen schieben.

Ober-/Unterhitze: etwa 180 °C (vorgeheizt)
Heißluft: etwa 160 °C (vorgeheizt)
Gas: Stufe 3–4 (vorgeheizt)
Backzeit: 10–12 Minuten je Backblech.

4 Die Halbmonde mit dem Backpapier von den Backblechen auf Kuchenroste ziehen. Halbmonde erkalten lassen.

5 Für den Guss Kuvertüre in kleine Stücke hacken, mit Speiseöl in einem kleinen Topf im Wasserbad bei schwacher Hitze zu einer geschmeidigen Masse verrühren. Die Halbmonde mit einem Ende eintauchen und auf Backpapier legen. (Wenn der Guss anfängt fest zu werden, Halbmonde auf ein anderes Stück Backpapier umsetzen, damit der Rand besonders gut wird.) Den Guss fest werden lassen.

Tipp: *Die Hälfte der Halbmonde mit Johannisbeergelee oder Aprikosenkonfitüre bestreichen und mit der anderen Hälfte der Halbmonde zusammensetzen. Dann halten sie sich allerdings nur 3–4 Tage, sie werden schneller weich.*

Gefüllte Haselnuss-Orangen-Plätzchen

Zutaten

etwa 40 Stück

Für den Knetteig:
250 g Weizenmehl
40 g Zucker
2 Pck. Vanillin-Zucker
1 Prise Salz
150 g Schmand
100 g Butter oder Margarine

Für die Füllung:
200 g abgezogene, gehackte Haselnusskerne
200 g Orangenmarmelade
200 g Marzipan-Rohmasse

Zum Bestreichen:
2 Eiweiß
2 Eigelb
2–3 EL Milch

Zum Bestreuen:
20 g fein gehackte Pistazienkerne
1 EL Hagelzucker

Zubereitungszeit:
120 Minuten, ohne Kühlzeit

Pro Stück:
E: 3 g, F: 8 g, Kh: 12 g,
kJ: 588, kcal: 140

DAUERT ETWAS LÄNGER

1 Für den Teig Mehl in eine Rührschüssel sieben. Zucker, Vanillin-Zucker, Salz, Schmand und Butter oder Margarine hinzufügen. Die Zutaten mit Handrührgerät mit Knethaken zunächst kurz auf niedrigster, dann auf höchster Stufe gut durcharbeiten.

2 Anschließend auf einer bemehlten Arbeitsfläche zu einem glatten Teig verkneten. Sollte er kleben, ihn in Folie gewickelt eine Zeit lang kalt stellen.

3 Für die Füllung Haselnusskerne und Marmelade in eine Schüssel geben. Marzipan-Rohmasse mit einer Küchenreibe reiben und hinzugeben. Die Zutaten gut miteinander vermischen.

4 Den Teig auf der leicht bemehlten Arbeitsfläche portionsweise dünn ausrollen und mit einer Ausstechform etwa 80 runde Plätzchen (Ø etwa 6 cm) ausstechen. Eiweiß verschlagen. Die Ränder von 40 Teigplätzchen mit Eiweiß bestreichen. Jeweils 1 Teelöffel von der Füllung in die Mitte der 40 Teigplätzchen geben und verteilen, ein zweites Teigplätzchen darauf legen. Den Teigrand mit einer Gabel rundherum festdrücken.

5 Eigelb mit Milch verschlagen, die Teigplätzchen damit bestreichen, mit Pistazienkernen und Hagelzucker bestreuen. Die Teigplätzchen auf Backbleche (mit Backpapier belegt) legen. Die Backbleche nacheinander (bei Heißluft zusammen) in den Backofen schieben.

Ober-/Unterhitze: 180–200 °C (vorgeheizt)
Heißluft: 160–180 °C (vorgeheizt)
Gas: etwa Stufe 3 (vorgeheizt)
Backzeit: etwa 15 Minuten je Backblech.

6 Die Plätzchen mit dem Backpapier von den Backblechen auf Kuchenroste ziehen. Plätzchen erkalten lassen.

Tipp: *Anstelle von Schmand Crème fraîche verwenden.*

Mandelplätzchen

Zutaten

60 Stück

Für den Knetteig:
300 g Weizenmehl
130 g Zucker
1 Pck. Vanillin-Zucker
1 Prise Salz
1 Pck. Finesse Geriebene Zitronenschale
250 g Butter oder Margarine
150 g abgezogene, gemahlene Mandeln

Zum Bestreichen:
3 EL Johannisbeergelee

Für den Guss:
150 g Halbbitter-Kuvertüre
1 TL Speiseöl

Zum Garnieren:
30 abgezogene, ganze Mandeln

Zubereitungszeit:
2 Stunden, ohne Abkühlzeit

Pro Stück:
E: 1 g, F: 6 g, Kh: 8 g,
kJ: 389, kcal: 93

ETWAS AUFWÄNDIGER

1 Für den Teig Mehl in eine Rührschüssel sieben. Zucker, Vanillin-Zucker, Salz, Zitronenschale, Butter oder Margarine und Mandeln hinzufügen. Die Zutaten mit Handrührgerät mit Knethaken zunächst kurz auf niedrigster, dann auf höchster Stufe gut durcharbeiten.

2 Anschließend auf einer bemehlten Arbeitsfläche zu einem glatten Teig verkneten. Sollte er kleben, ihn in Folie gewickelt eine Zeit lang kalt stellen.

3 Den Teig portionsweise auf der bemehlten Arbeitsfläche etwa 4 mm dünn ausrollen. Mit einer Ausstechform runde oder gezackte Plätzchen (Ø etwa 4 cm) ausstechen und auf Backbleche (gefettet, mit Backpapier belegt) legen. Die Backbleche nacheinander (bei Heißluft zusammen) in den Backofen schieben.

Ober-/Unterhitze: etwa 180 °C (vorgeheizt)
Heißluft: etwa 160 °C (vorgeheizt)
Gas: Stufe 2–3 (vorgeheizt)
Backzeit: 6–8 Minuten je Backblech.

4 Die Plätzchen mit dem Backpapier von den Backblechen auf Kuchenroste ziehen. Plätzchen erkalten lassen.

5 Zum Bestreichen Gelee glatt rühren. Die Hälfte der Plätzchen auf der Unterseite mit dem Gelee bestreichen. Die restlichen Plätzchen jeweils mit der Unterseite darauf legen und gut andrücken.

6 Für den Guss Kuvertüre in kleine Stücke hacken, mit Speiseöl in einem kleinen Topf im Wasserbad bei schwacher Hitze zu einer geschmeidigen Masse verrühren. Die Plätzchen je zur Hälfte hineintauchen und auf Backpapier legen. Jeweils eine Mandel darauf legen. Guss fest werden lassen.

Mandelstäbchen

Zutaten

etwa 30 Stück

100 g gewürfeltes Orangeat
100 g abgezogene, gemahlene Mandeln
50 g gesiebter Puderzucker
1 Eiweiß (Größe M)
2 Tropfen Bittermandel-Aroma

etwas Puderzucker

Für den Guss:
75 g Halbbitter-Kuvertüre
1 TL Speiseöl

Zubereitungszeit:
50 Minuten, ohne Abkühlzeit

Pro Stück:
E: 1 g, F: 3 g, Kh: 6 g,
kJ: 228, kcal: 54

SCHNELL

1 Orangeat fein hacken. Orangeatstückchen, Mandeln, Puderzucker, Eiweiß und Aroma in einen Topf geben. Die Zutaten unter Rühren so lange erhitzen, bis die Masse glänzt, abkühlen lassen.

2 Puderzucker auf eine Arbeitsfläche sieben. Die Masse darauf geben und 2–3 Rollen daraus formen. Von den Rollen gleichmäßige Stücke abschneiden, diese zu etwa 5 cm langen, bleistiftdünnen Stäbchen formen.

3 Für den Guss Kuvertüre in kleine Stücke hacken, mit Speiseöl in einem kleinen Topf im Wasserbad bei schwacher Hitze zu einer geschmeidigen Masse verrühren. Die Enden der Stäbchen hineintauchen, auf der Unterseite etwas abstreifen und auf Backpapier legen. Mandelstäbchen trocknen lassen.

Tipp: *Die Mandelstäbchen gekühlt in einer gut schließenden Dose aufbewahren.*

Mandelhörnchen

Zutaten
etwa 60 Stück

Für den Knetteig:
250 g Weizenmehl
1 Msp. Backpulver
125 g Zucker
1 Pck. Vanillin-Zucker
3 Eigelb (Größe M)
200 g Butter oder Margarine
125 g abgezogene, gemahlene Mandeln

Außerdem:
1–2 Eiweiß
125 g abgezogene, gehobelte Mandeln

Zubereitungszeit:
95 Minuten, ohne Kühlzeit

Pro Stück:
E: 2 g, F: 5 g, Kh: 6 g, kJ: 339, kcal: 81

KLASSISCH

1 Für den Teig Mehl mit Backpulver mischen und in eine Rührschüssel sieben. Zucker, Vanillin-Zucker, Eigelb, Butter oder Margarine und Mandeln hinzufügen. Die Zutaten mit Handrührgerät mit Knethaken zunächst kurz auf niedrigster, dann auf höchster Stufe gut durcharbeiten.

2 Anschließend auf einer bemehlten Arbeitsfläche zu einem glatten Teig verkneten. Sollte er kleben, ihn in Folie gewickelt eine Zeit lang kalt stellen.

3 Aus dem Teig bleistiftdicke Rollen formen, nach oben etwas spitz drücken und in etwa 6 cm lange Stücke schneiden. Die Teigstücke an den Enden etwas abrunden, vollständig mit Eiweiß bestreichen und von beiden Seiten in die Mandeln drücken.

4 Die Teigstücke zu Hörnchen formen und auf Backbleche (mit Backpapier belegt) legen. Die Backbleche nacheinander (bei Heißluft zusammen) in den Backofen schieben.

Ober-/Unterhitze: etwa 180 °C (vorgeheizt)
Heißluft: etwa 160 °C (vorgeheizt)
Gas: Stufe 2–3 (vorgeheizt)
Backzeit: 12–15 Minuten je Backblech.

5 Die Mandelhörnchen mit dem Backpapier von den Backblechen auf Kuchenroste ziehen und erkalten lassen.

Tipp: *Anstelle der Mandeln können auch gemahlene und gehobelte Haselnusskerne verwendet werden. Die Mandelhörnchen nach Belieben zusätzlich mit aufgelöster Halbbitter-Kuvertüre besprenkeln. Sie halten sich in einer gut schließenden Dose 3–4 Wochen frisch.*

Zipfelkappen

Zutaten

etwa 40 Stück

Für die Creme:
250 g Vollmilch-Kuvertüre
125 ml (⅛ l) Schlagsahne
75 ml (6 EL) Espresso-Kaffee

Für den Knetteig:
100 g Weizenmehl
75 g Speisestärke
1 Ei (Größe M)
50 g Zucker
100 g Butter oder Margarine
1 gestr. TL Espresso-Pulver

Zum Bestäuben:
1–2 EL Kakaopulver

Zubereitungszeit:
65 Minuten, ohne Abkühlzeit

Pro Stück:
E: 1 g, F: 4 g, Kh: 7 g,
kJ: 296, kcal: 71

ZUM VERSCHENKEN

1 Für die Creme Kuvertüre grob hacken. Sahne in einem kleinen Topf zum Kochen bringen, Kuvertürestücke hinzugeben und unter Rühren darin schmelzen. Espresso unterrühren. Die Masse zugedeckt über Nacht kalt stellen.

2 Für den Teig Mehl mit Speisestärke mischen und in eine Rührschüssel sieben. Ei, Zucker, Butter oder Margarine und Espresso-Pulver hinzufügen. Die Zutaten mit Handrührgerät mit Knethaken zunächst kurz auf niedrigster, dann auf höchster Stufe gut durcharbeiten.

3 Anschließend auf einer bemehlten Arbeitsfläche zu einem glatten Teig verkneten. Sollte er kleben, ihn in Folie gewickelt eine Zeit lang kalt stellen.

4 Den Teig auf der leicht bemehlten Arbeitsfläche etwa ½ cm dick ausrollen, mit einer Ausstechform runde Plätzchen (Ø etwa 3 cm) ausstechen und auf ein Backblech (gefettet, mit Backpapier belegt) legen. Das Backblech in den Backofen schieben.

Ober-/Unterhitze: etwa 180 °C (vorgeheizt)
Heißluft: etwa 160 °C (vorgeheizt)
Gas: Stufe 2-3 (vorgeheizt)
Backzeit: etwa 10 Minuten.

5 Die Plätzchen mit dem Backpapier vom Backblech auf einen Kuchenrost ziehen. Plätzchen erkalten lassen.

6 Die kalt gestellte Schokoladen-Sahne-Masse cremig aufschlagen und in einen Spritzbeutel mit Sterntülle füllen. Die Creme auf die Plätzchen spritzen. Dabei so nach oben ziehen, dass eine „Zipfelkappe" entsteht. Die Zipfelkappen an einem kühlen Ort fest werden lassen.

7 Die Zipfelkappen zuletzt mit Kakao bestäuben und kühl lagern.

Datteltaler

Zutaten
etwa 35 Stück

Für die Baisermasse:
2 Eiweiß (Größe M)
125 g feinkörniger Zucker
1 Pck. Vanillin-Zucker
½ Fläschchen Rum-Aroma
1 Msp. gemahlener Zimt
20 g gesiebte Speisestärke
50 g abgezogene, gemahlene Mandeln
50 g abgezogene, gehackte Mandeln
100 g entsteinte, klein geschnittene Datteln

Außerdem:
etwa 50 Oblaten (Ø 4 cm)

Für den Guss:
100 g Halbbitter-Kuvertüre oder Zartbitterschokolade
1 TL Speiseöl

Zum Bestreuen:
40 g Datteln

Zubereitungszeit:
45 Minuten, ohne Abkühlzeit

Pro Stück:
E: 1g, F: 3 g, Kh: 10 g,
kJ: 297, kcal: 71

RAFFINIERT

1 Für die Baisermasse Eiweiß mit Handrührgerät mit Rührbesen auf höchster Stufe steif schlagen. Der Schnee muss so fest sein, dass ein Messerschnitt sichtbar bleibt. Zucker, Vanillin-Zucker, Aroma und Zimt unterrühren. Speisestärke, Mandeln und Dattelstücke auf die Eischneemasse geben und vorsichtig unterheben.

2 Baisermasse knapp 1 cm dick auf etwa 15 Oblaten streichen, mit je einer zweiten Oblate bedecken. Diese auf ein Backblech legen. Die restliche Baisermasse auf etwa 20 Oblaten verteilen. Datteln in kleine Würfel schneiden, darüber streuen und ebenfalls auf das Backblech legen. Das Backblech in den Backofen schieben.

Ober-/Unterhitze: 140–160 °C (vorgeheizt)
Heißluft: 120–140 °C (vorgeheizt)
Gas: etwa Stufe 1 (vorgeheizt)
Backzeit: etwa 20 Minuten.

3 Die Datteltaler mit dem Backpapier vom Backblech auf einen Kuchenrost ziehen. Datteltaler erkalten lassen.

4 Für den Guss Kuvertüre in kleine Stücke hacken oder Schokolade in Stücke brechen, mit dem Speiseöl in einem kleinen Topf im Wasserbad bei schwacher Hitze zu einer geschmeidigen Masse verrühren. Die Datteltaler von beiden Seiten oder zur Hälfte in die Kuvertüre oder Schokolade eintauchen und auf Backpapier legen. Den Guss fest werden lassen.

Tipp: *Statt die Taler in den Guss zu tauchen, können Sie die Oberseite der Taler auch mit dem Guss besprenkeln, dann jedoch nur 50 g Kuvertüre oder Schokolade ohne Öl schmelzen.*

fröhliche

Orangenmakronen

Zutaten

etwa 50 Stück

Für die Makronenmasse:
3 Eiweiß (Größe M)
150 g feinkörniger Zucker
1 Pck. Vanillin-Zucker
abgeriebene Schale von
1 Orange (unbehandelt)
oder 1 Pck. Finesse Orangenfrucht
1 EL Orangensaft
200 g abgezogene, gehobelte Mandeln
50 g Semmelbrösel

Zum Verzieren:
25 g Halbbitter-Kuvertüre

Zubereitungszeit:
50 Minuten, ohne Abkühlzeit

Pro Stück:
E: 1 g, F: 2 g, Kh: 5 g,
kJ: 195, kcal: 46

EINFACH

1 Für die Makronenmasse Eiweiß mit Zucker und Vanillin-Zucker in eine Rührschüssel geben und im heißen Wasserbad mit Handrührgerät mit Rührbesen steif schlagen. Orangenschale oder Orangenfrucht und Orangensaft hinzugeben und weiterschlagen. Die Masse muss so fest sein, dass ein Messerschnitt sichtbar bleibt.

2 Die Schüssel aus dem Wasserbad nehmen. Mandeln und Semmelbrösel vorsichtig unter die Eiweißmasse heben.

3 Die Masse mit 2 Teelöffeln in Häufchen auf Backbleche (gefettet, mit Backpapier belegt) setzen. Die Backbleche nacheinander (bei Heißluft zusammen) in den Backofen schieben.

Ober-/Unterhitze: etwa 140 °C (vorgeheizt)
Heißluft: etwa 120 °C (vorgeheizt)
Gas: etwa Stufe 1 (vorgeheizt)
Backzeit: etwa 25 Minuten je Backblech.

4 Die Makronen mit dem Backpapier von den Backblechen auf Kuchenroste ziehen (sie müssen innen noch weich sein, da sie während der Abkühlzeit nachtrocknen). Makronen erkalten lassen.

5 Zum Verzieren Kuvertüre in kleine Stücke hacken, in einem kleinen Topf im Wasserbad bei schwacher Hitze zu einer geschmeidigen Masse verrühren. Die Makronen damit besprenkeln. Kuvertüre fest werden lassen.

Kokosplätzchen

Zutaten

etwa 45 Stück

Für den Knetteig:
250 g Weizenmehl
1 Msp. Backpulver
75 g Zucker
1 Pck. Vanillin-Zucker
2 Eigelb (Größe M)
125 g Butter oder Margarine

Für den Belag:
3 Eiweiß (Größe M)
150 g Zucker
175 g Kokosraspel
3 Tropfen Bittermandel-Aroma

Zum Bestreichen:
1 Eigelb
1 EL Milch

Zubereitungszeit:
70 Minuten, ohne Kühlzeit

Pro Stück:
E: 1 g, F: 5 g, Kh: 10 g,
kJ: 387, kcal: 92

RAFFINIERT

1 Für den Teig Mehl mit Backpulver mischen und in eine Rührschüssel sieben. Zucker, Vanillin-Zucker, Eigelb und Butter oder Margarine hinzufügen. Die Zutaten mit Handrührgerät mit Knethaken zunächst kurz auf niedrigster, dann auf höchster Stufe gut durcharbeiten.

2 Anschließend auf einer bemehlten Arbeitsfläche zu einem glatten Teig verkneten. Sollte er kleben, ihn in Folie gewickelt eine Zeit lang kalt stellen.

3 Den Teig auf der bemehlten Arbeitsfläche portionsweise dünn ausrollen und gleich viele runde Plätzchen in zwei verschiedenen Größen (Ø etwa 4,5 und 2 cm) ausstechen. Die größeren Teigplätzchen auf Backbleche (gefettet, mit Backpapier belegt) legen.

4 Für den Belag Eiweiß mit Handrührgerät mit Rührbesen auf höchster Stufe steif schlagen, der Schnee muss so fest sein, dass ein Messerschnitt sichtbar bleibt. Nach und nach Zucker unterschlagen. Kokosraspel und Aroma unterheben. Die Kokosmasse mit Hilfe von 2 Teelöffeln in Häufchen auf die großen Teigplätzchen geben. Jeweils ein kleines Teigplätzchen schräg daranlegen.

5 Zum Bestreichen Eigelb mit Milch verschlagen, die kleinen Teigplätzchen damit bestreichen. Die Backbleche nacheinander (bei Heißluft zusammen) in den Backofen schieben.

Ober-/Unterhitze: etwa 200 °C (vorgeheizt)
Heißluft: etwa 180 °C (vorgeheizt)
Gas: Stufe 3–4 (vorgeheizt)
Backzeit: 10–15 Minuten je Backblech.

6 Die Kokosplätzchen mit dem Backpapier von den Backblechen auf Kuchenroste ziehen und erkalten lassen.

Tipp: *Die Kokosplätzchen halten sich gut verpackt etwa 2 Wochen frisch.*

Walnusswölkchen

Zutaten

etwa 80 Stück

Für den Teig:
3 Eiweiß (Größe M)
1 Prise Salz
200 g gesiebter Puderzucker
75 g Doppelrahm-Frischkäse
300 g gemahlene Walnusskerne
2 Eigelb (Größe M)
1 Pck. Vanillin-Zucker

Außerdem:
80 Oblaten (Ø etwa 5 cm)

Zubereitungszeit:
40 Minuten, ohne Trockenzeit

Pro Stück:
E: 1 g, F: 3 g, Kh: 4 g,
kJ: 193 , kcal: 46

EINFACH

1 Für den Teig Eiweiß und Salz mit Handrührgerät mit Rührbesen auf höchster Stufe steif schlagen. Der Eischnee muss so fest sein, dass ein Messerschnitt sichtbar bleibt. Puderzucker unterschlagen.

2 Frischkäse mit Walnusskernen, Eigelb und Vanillin-Zucker glatt rühren. Eischnee vorsichtig unterheben.

3 Die Masse mit zwei in Wasser getauchten Teelöffeln als kleine Häufchen auf die Oblaten setzen und etwa 3 Stunden antrocknen lassen. Die Oblaten auf Backbleche setzen und nacheinander (bei Heißluft zusammen) in den Backofen schieben.

Ober-/Unterhitze: 140–160 °C (vorgeheizt)
Heißluft: 120–140 °C (vorgeheizt)
Gas: etwa Stufe 1 (vorgeheizt)
Backzeit: etwa 20 Minuten je Backblech.

4 Die Walnusswölkchen auf Kuchenroste legen. Walnusswölkchen erkalten lassen.

Tipp: *Die Walnusswölkchen können auch ohne Oblaten auf Backpapier gebacken werden. Dann die Walnusswölkchen nach dem Backen etwa 10 Minuten auf dem Backblech ruhen lassen, dann vom Backpapier lösen und erkalten lassen.*

Schoko-Nuss-Sterne

Zutaten

etwa 40 Stück

Zum Vorbereiten:
60 g Zartbitterschokolade

Für den Teig:
1 Ei (Größe M)
1 Eigelb (Größe M)
125 g Zucker
1 Pck. Vanillin-Zucker
1 Prise Salz
1 geh. TL Instant-Kaffeepulver
etwa 225 g gemahlene Haselnusskerne
1 Msp. Backpulver

Für den Guss:
1 Eiweiß (Größe M)
50 g gesiebter Puderzucker
evtl. 2–3 Tropfen Wasser

Zubereitungszeit:
75 Minuten, ohne Kühlzeit

Pro Stück:
E: 1 g, F: 4 g, Kh: 6 g,
kJ: 290, kcal: 69

FÜR GÄSTE

1 Zum Vorbereiten Schokolade in kleine Stücke brechen, in einem kleinen Topf im Wasserbad bei schwacher Hitze zu einer geschmeidigen Masse verrühren.

2 Für den Teig Ei, Eigelb, Zucker, Vanillin-Zucker, Salz und Kaffeepulver in eine Rührschüssel geben. Die Zutaten mit Handrührgerät mit Rührbesen auf höchster Stufe schaumig schlagen. Schokolade unter die Eimasse rühren. Haselnusskerne mit Backpulver mischen, zwei Drittel davon auf mittlerer Stufe unterrühren, restliche Haselnusskern-Backpulver-Mischung unterkneten. Den Teig zugedeckt kalt stellen.

3 Für den Guss Eiweiß steif schlagen, Puderzucker portionsweise unterschlagen. Evtl. Wasser unterschlagen, damit die Masse streichfähig ist.

4 Den Teig etwa ½ cm dick auf einer leicht bemehlten Arbeitsfläche ausrollen. Sterne ausstechen und auf Backbleche (mit Backpapier belegt) legen. Die Teigsterne dick mit dem Guss bestreichen. Die Backbleche nacheinander (bei Heißluft zusammen) in den Backofen schieben.

Ober-/Unterhitze: etwa 140 °C (vorgeheizt)
Heißluft: etwa 120 °C (vorgeheizt)
Gas: etwa Stufe 1 (vorgeheizt)
Backzeit: 25–30 Minuten je Backblech.

5 Die Sterne mit dem Backpapier von den Backblechen auf Kuchenroste ziehen. Sterne erkalten lassen.

Tipp: *Nach Belieben 1 gestrichenen Teelöffel gesiebtes Kakaopulver unter den Guss rühren. Die Sterne sind 3–4 Wochen haltbar.*

Kokoshäufchen

Zutaten

etwa 40 Stück

Für den Rührteig:
50 g Butter oder Margarine
125 g Zucker
1 Pck. Vanillin-Zucker
½ Fläschchen Rum-Aroma
3 Tropfen Bittermandel-Aroma
1 Ei (Größe M)
125 g Weizenmehl
2 gestr. TL Backpulver
etwa 1 EL Milch
250 g Kokosraspel

Zubereitungszeit:
40 Minuten

Pro Stück:
E: 1 g, F: 5 g, Kh: 6 g,
kJ: 314, kcal: 75

EINFACH

1 Für den Teig Butter oder Margarine mit Handrührgerät mit Rührbesen auf höchster Stufe geschmeidig rühren. Nach und nach Zucker, Vanillin-Zucker und Aromen unterrühren. So lange rühren, bis eine gebundene Masse entstanden ist. Ei in etwa ½ Minute unterrühren.

2 Mehl mit Backpulver mischen, sieben und portionsweise mit der Milch auf mittlerer Stufe unterrühren. Zuletzt Kokosraspel unterheben.

3 Den Teig mit 2 Teelöffeln in Häufchen auf Backbleche (gefettet, mit Backpapier belegt) setzen. Die Backbleche nacheinander (bei Heißluft zusammen) in den Backofen schieben.

Ober-/Unterhitze: etwa 200 °C (vorgeheizt)
Heißluft: etwa 180 °C (vorgeheizt)
Gas: Stufe 3–4 (vorgeheizt)
Backzeit: 10–12 Minuten je Backblech.

4 Die Kokoshäufchen mit dem Backpapier von den Backblechen auf Kuchenroste ziehen. Kokoshäufchen erkalten lassen.

Tipp: *Die Kokoshäufchen mit 50 g aufgelöster Halbbitter-Kuvertüre besprenkeln oder mit der Unterseite in die Kuvertüre eintauchen, so dass dunkle Füßchen entstehen.*
Der Kokosgeschmack kann noch verstärkt werden, indem man die Kokosraspel vorher in einer Pfanne ohne Fett leicht bräunt. Die Kokoshäufchen sind gut verpackt 3–4 Wochen haltbar.

Gewürzprinten

Zutaten

etwa 60 Stück

Für den Belag:
Je 100 g Haselnusskerne, abgezogene, ganze Mandeln

Für den Teig:
125 g dunkler Sirup, z. B. Zuckerrübensirup, 50 g Zucker
50 g Butter oder Margarine
2 EL Milch oder Wasser
50 g gestoßener, brauner Kandis (Grümmel)
3 Tropfen Zitronen-Aroma
je ½ gestr. TL Anis, Nelken und Zimt, gemahlen
250 g Weizenmehl
3 gestr. TL Backpulver
etwa 3 EL Aprikosenkonfitüre, 1 TL Zucker

Zubereitungszeit:
75 Minuten, ohne Kühl- und Durchziehzeit

Pro Stück:
E: 1 g, F: 3 g, Kh: 7 g,
kJ: 251, kcal: 60

GUT VORZUBEREITEN

1 Für den Belag Haselnusskerne auf einem Backblech im Backofen bei Ober-/Unterhitze etwa 200 °C (vorgeheizt) rösten, bis die Häutchen abplatzen, portionsweise in einem Küchentuch die Haut abreiben. Haselnusskerne und Mandeln halbieren.

2 Für den Teig Sirup mit Zucker, Fett und Milch oder Wasser unter Rühren langsam erwärmen und zerlassen. Die Masse fast erkalten lassen und mit Handrührgerät mit Rührbesen auf höchster Stufe Kandis und Gewürze rühren. Mehl mit Backpulver mischen, sieben, zwei Drittel davon portionsweise auf mittlerer Stufe unterrühren. Den Teigbrei mit dem restlichen Mehlgemisch auf einer Arbeitsfläche zu einem glatten Teig verkneten.

3 Den Teig etwa ½ cm dick ausrollen, Rechtecke (etwa 2,5 x 7 cm) daraus schneiden und auf Backbleche (mit Backpapier belegt) legen. Die Haselnusskerne oder Mandeln auf die Teigrechtecke legen und leicht eindrücken. Die Backbleche nacheinander (bei Heißluft zusammen) in den Backofen schieben.

Ober-/Unterhitze: etwa 200 °C (vorgeheizt)
Heißluft: etwa 180 °C (vorgeheizt)
Gas: Stufe 3–4 (vorgeheizt)
Backzeit: etwa 12 Minuten je Backblech.

4 Die Printen auf Kuchenroste legen. Zum Aprikotieren Konfitüre mit Zucker unter Rühren zum Kochen bringen. Die Hälfte der Printen sofort damit bestreichen. Printen erkalten lassen und einige Tage durchziehen lassen.

Tipp: *Einen Teil der Printen mit aufgelöster Schokolade überziehen.*

Echte Nürnberger Lebkuchen

Zutaten

etwa 40 Stück

Für den Lebkuchenteig:
2 Eier (Größe M)
125 g Zucker
1 Prise geriebene Muskatnuss
knapp ½ gestr. TL Nelken und Zimt, gemahlen
2 Tropfen Bittermandel-Aroma, ½ Fläschchen Rum-Aroma, einige Tropfen Zitronen-Aroma
Je 125 g abgezogene, gemahlene und gehackte Mandeln
125 g fein gewürfeltes Zitronat (Sukkade)

40 Oblaten (Ø etwa 6 cm)

Für den Guss:
150 g gesiebter Puderzucker
2–3 EL heißes Wasser

Zubereitungszeit:
60 Minuten

Pro Stück:
E: 2 g, F: 4 g, Kh: 9 g, kJ: 345, kcal: 82

GUT VORZUBEREITEN

1 Für den Teig Eier und Zucker mit Handrührgerät mit Rührbesen auf höchster Stufe 2 Minuten schaumig schlagen. Nach und nach Muskat, Nelken, Zimt und Aromen unterrühren.

2 Mandeln und Zitronat unter die Eiermasse rühren. Den Teig fingerdick auf die Oblaten streichen und auf ein Backblech (mit Backpapier belegt) legen oder als flache Häufchen direkt auf ein Backblech (mit Backpapier belegt) setzen. Das Backblech in den Backofen schieben.

Ober-/Unterhitze: etwa 180 °C (vorgeheizt)
Heißluft: etwa 160 °C (vorgeheizt)
Gas: Stufe 2–3 (vorgeheizt)
Backzeit: etwa 20 Minuten.

3 Die Lebkuchen mit dem Backpapier vom Backblech auf einen Kuchenrost ziehen.

4 Für den Guss Puderzucker mit Wasser zu einer dickflüssigen Masse verrühren. Die noch warmen Lebkuchen damit bestreichen. Guss fest werden lassen.

Tipp: *Statt mit Puderzuckerguss können die Lebkuchen auch mit einer Schokoladenglasur überzogen werden. Nach Belieben mit Mandeln garnieren.*

Abwandlung: *Nürnberger Lebkuchen, etwas anders. Für den Lebkuchenteig: 2 Eier (Größe M), 200 g Farinzucker, ½ Fläschchen Rum-Aroma, 1 Messerspitze gemahlene Nelken, 125 g gemahlene Haselnusskerne, 125 g nicht abgezogene, gemahlene Mandeln, 75 g fein gehacktes Zitronat. Den Teig wie oben beschrieben zubereiten und backen.*

Schokomuffins mit Glühweinsirup

Zutaten

12 Stück

Für den Rührteig:
150 g Butter oder Margarine
100 g Zucker
1 Pck. Vanillin-Zucker
2 Eier (Größe M)
200 g Weizenmehl
2 gestr. TL Backpulver
25 g Kakaopulver
8 EL Milch
100 g Raspelschokolade

Für den Glühweinsirup:
250 ml (¼ l) trockener Rotwein
125 g Zucker
1 Zimtstange
1 Pck. Finesse Orangenfrucht
1 Msp. gemahlene Nelken
1 Msp. gemahlener Kardamom

Zubereitungszeit:
45 Minuten, ohne Abkühlzeit

Pro Stück:
E: 4 g, F: 14 g, Kh: 39 g, kJ: 1330, kcal: 318

FÜR GÄSTE – MIT ALKOHOL

1 Für den Teig Butter oder Margarine mit Handrührgerät mit Rührbesen auf höchster Stufe geschmeidig rühren. Nach und nach Zucker und Vanillin-Zucker unterrühren. So lange rühren, bis eine gebundene Masse entstanden ist. Eier nach und nach unterrühren (jedes Ei etwa ½ Minute).

2 Mehl mit Backpulver und Kakao mischen, sieben und portionsweise abwechselnd mit der Milch auf mittlerer Stufe unterrühren. Zuletzt Raspelschokolade unterrühren. Den Teig in eine Muffinform (für 12 Muffins, gefettet, gemehlt) füllen. Die Form auf dem Rost in den Backofen schieben.

Ober-/Unterhitze: etwa 180 °C (vorgeheizt)
Heißluft: etwa 160 °C (vorgeheizt)
Gas: Stufe 2–3 (vorgeheizt)
Backzeit: etwa 25 Minuten.

3 Die Muffins 10 Minuten in der Form stehen lassen, dann mit einem Messer lösen. Muffins auf einem Kuchenrost erkalten lassen.

4 Für den Glühweinsirup Rotwein mit Zucker, Zimtstange, Orangenfrucht, Nelken und Kardamom in einen breiten Kochtopf geben, zum Kochen bringen und etwa 10 Minuten bei schwacher Hitze zu einem dünnflüssigen Sirup einköcheln lassen. Zimtstange entfernen. Den Sirup erkalten lassen und zu den Muffins reichen.

Tipp: *Den Muffinteig zusätzlich mit etwas gemahlenem Zimt, Nelke und Kardamom würzen.*
Sie können den Glühweinsirup auch mit 1 Päckchen Glühweingewürz und 1 Päckchen Finesse Orangenfrucht würzen. Statt die Muffinform zu fetten und zu mehlen, können Sie auch Papierbackförmchen in die Form stellen. Die Muffins eignen sich gut zum Einfrieren, dann nach dem Auftauen bei Ober-/Unterhitze etwa 180 °C (vorgeheizt), Heißluft etwas 160 °C (vorgeheizt), Gas Stufe 2–3 (vorgeheizt) kurz aufbacken. Der Glühweinsirup hält sich im Kühlschrank mehrere Tage frisch.

Spitzkuchen

Zutaten

etwa 40 Stück

Für den Teig:
175 g Zuckerrübensirup
50 g Zucker
1 Prise Salz
2–3 EL Speiseöl
1 Ei (Größe M)
1 geh. TL Kakaopulver
6 Tropfen Zitronen-Aroma
1 Msp. gemahlener Piment
1 gestr. TL gemahlener Zimt
250 g Weizenmehl
3 gestr. TL Backpulver
75 g abgezogene, gehackte Mandeln

Nach Belieben für den Guss:
200 g Halbbitter-Kuvertüre
25 g Kokosfett

Zubereitungszeit:
50 Minuten, ohne Kühlzeit

Pro Stück:
E: 1 g, F: 4 g, Kh: 12 g, kJ: 404, kcal: 96

GUT VORZUBEREITEN

1 Für den Teig Sirup mit Zucker, Salz und Speiseöl in einem Topf unter Rühren langsam erwärmen und zerlassen. Die Masse in eine Rührschüssel geben und kalt stellen.

2 Unter die fast erkaltete Masse mit Handrührgerät mit Rührbesen auf höchster Stufe Ei, Kakao, Aroma, Piment und Zimt rühren.

3 Mehl mit Backpulver mischen, sieben, zwei Drittel davon portionsweise auf mittlerer Stufe unterrühren. Den Teigbrei mit dem restlichen Mehlgemisch und Mandeln auf einer Arbeitsfläche zu einem glatten Teig verkneten. Sollte er kleben, ihn in Folie gewickelt eine Zeit lang kalt stellen.

4 Aus dem Teig knapp 2 cm dicke Rollen in der Länge des Backblechs formen, nicht zu dicht nebeneinander auf ein Backblech (gefettet, mit Backpapier belegt) legen und etwas flach drücken. Das Backblech in den Backofen schieben.

Ober-/Unterhitze: etwa 200 °C (vorgeheizt)
Heißluft: etwa 180 °C (vorgeheizt)
Gas: Stufe 3–4 (vorgeheizt)
Backzeit: 15–20 Minuten.

5 Die Gebäckrollen mit dem Backpapier vom Backblech auf einen Kuchenrost ziehen, erkalten lassen. Die Gebäckrollen mit einem scharfen Messer in Dreiecke schneiden.

6 Für den Guss Kuvertüre hacken, mit Kokosfett in einem kleinen Topf im Wasserbad bei schwacher Hitze zu einer geschmeidigen Masse verrühren. Die Gebäckdreiecke nach Belieben damit überziehen und auf einen Kuchenrost mit untergelegtem Backpapier oder direkt auf Backpapier setzen. Guss fest werden lassen.

Tipp: *Die Spitzkuchen sollten vor dem Verzehr einige Zeit durchziehen. Sie sind etwa 4 Wochen haltbar.*

Nussecken

Zutaten

etwa 140 Stück

Für den Knetteig:
225 g Weizenmehl
1 gestr. TL Backpulver
100 g Zucker
1 Pck. Vanillin-Zucker
1 Ei (Größe M)
1 Eigelb (Größe M)
100 g Butter oder Margarine

Zum Bestreichen:
3 EL Aprikosenkonfitüre

Für den Belag:
150 g Butter
150 g Zucker
2 Pck. Vanillin-Zucker
3 EL Wasser
100 g gemahlene Haselnusskerne
200 g gehobelte Haselnusskerne

Für den Guss:
200 g Zartbitterschokolade

Zubereitungszeit:
65 Minuten, ohne Abkühlzeit

Pro Stück:
E: 1 g, F: 3 g, Kh: 4 g,
kJ: 217, kcal: 52

BELIEBT

1 Für den Teig Mehl mit Backpulver mischen und in eine Rührschüssel sieben. Zucker, Vanillin-Zucker, Ei, Eigelb und Butter oder Margarine hinzufügen. Die Zutaten mit Handrührgerät mit Knethaken zunächst kurz auf niedrigster, dann auf höchster Stufe zu einem Teig verarbeiten.

2 Anschließend auf einer bemehlten Arbeitsfläche zu einem glatten Teig verkneten. Sollte er kleben, ihn in Folie gewickelt eine Zeit lang kalt stellen.

3 Den Teig auf einem Backblech (30 x 40 cm, gefettet) ausrollen und mit Konfitüre bestreichen.

4 Für den Belag Butter mit Zucker, Vanillin-Zucker und Wasser in einem Topf unter Rühren zerlassen. Gemahlene und gehobelte Haselnusskerne unterrühren, etwas abkühlen lassen. Die Masse gleichmäßig auf dem bestrichenen Teigboden verteilen. Vor den Teig einen mehrfach geknickten Streifen Alufolie legen, so dass ein Rand entsteht. Das Backblech in den Backofen schieben.

Ober-/Unterhitze: etwa 180 °C (vorgeheizt)
Heißluft: etwa 160 °C (vorgeheizt)
Gas: Stufe 2–3 (vorgeheizt)
Backzeit: etwa 25 Minuten.

5 Das Backblech auf einen Kuchenrost stellen. Das Gebäck darauf erkalten lassen, dann in Vierecke (etwa 4 x 4 cm) schneiden und diese so diagonal teilen, dass Dreiecke entstehen.

6 Für den Guss Schokolade in kleine Stücke brechen, in einem kleinen Topf im Wasserbad bei schwacher Hitze schmelzen. Die beiden spitzen Ecken des Gebäcks in den Guss tauchen und auf Backpapier legen. Guss fest werden lassen.

Früchte-Marzipan-Stern

Zutaten

etwa 16 Stück

Zum Vorbereiten:
250 g Rosinen
100 g gehacktes Orangeat
100 g getrocknete, gewürfelte Aprikosen
100 ml Rum

Für den Hefeteig:
350 g Weizenmehl
1 Pck. Trockenhefe
75 g Zucker
1 Pck. Vanillin-Zucker
1 Pck. Finesse Orangenfrucht
2 gestr. TL Christstollengewürz
1 Prise Salz
100 ml lauwarme Milch
125 g zerlassene, abgekühlte Butter oder Margarine
125 g Magerquark
100 g gehobelte Haselnusskerne

200 g Marzipan-Rohmasse

1 Zum Vorbereiten Rosinen, Orangeat und Aprikosen mit Rum mischen und einige Stunden (am besten über Nacht) zugedeckt einweichen.

2 Für den Teig Mehl in eine Rührschüssel sieben und mit der Hefe sorgfältig vermischen. Zucker, Vanillin-Zucker, Orangenfrucht, Christstollengewürz, Salz, Milch, Butter oder Margarine und Quark hinzufügen. Die Zutaten mit Handrührgerät mit Knethaken zunächst auf niedrigster, dann auf höchster Stufe in etwa 5 Minuten zu einem Teig verarbeiten. Den Teig zugedeckt so lange an einem warmen Ort stehen lassen, bis er sich sichtbar vergrößert hat.

3 Den Teig leicht mit Mehl bestäuben, aus der Schüssel nehmen und auf einer bemehlten Arbeitsfläche kurz durchkneten. Früchtemischung und Haselnusskerne unterkneten.

4 Den Teig in 6 Teile teilen, jeweils zu einer Rolle von 20 cm Länge formen und der Länge nach in die Mitte eine Vertiefung drücken. Marzipan-Rohmasse ebenfalls in sechs Teile teilen, jeweils zu einer Rolle von etwa 20 cm Länge formen, in die Teigmulden legen und mit Teig umschließen.

5 Jede Rolle zu einer Sternspitze formen, die Teigteile als Stern auf einem Backblech (mit Backpapier belegt) aneinander legen und die Nahtstellen fest andrücken. Den Stern nochmals zugedeckt so lange an einem warmen Ort stehen lassen, bis er sich sichtbar vergrößert hat. Das Backblech in den Backofen schieben.

Ober-/Unterhitze: vorheizen auf etwa 250 °C, backen bei etwa 160 °C
Heißluft: vorheizen auf etwa 230 °C, backen bei etwa 150 °C
Gas: vorheizen auf Stufe 4–5, backen bei Stufe 3–4
Backzeit: etwa 40 Minuten.

6 Den Stern vorsichtig mit dem Backpapier vom Backblech auf einen Kuchenrost ziehen. Den noch heißen Stern mit Butter bestreichen und mit Puderzucker bestäuben, erkalten lassen. Den Frucht-Marzipan-Stern vor dem Verzehr gut durchziehen lassen.

Tipp: *Der Früchte-Marzipan-Stern ist gut verpackt 2–3 Wochen haltbar.*

Zutaten

Zum Bestreichen und Bestäuben:
100 g zerlassene Butter
25 g gesiebter Puderzucker

Zubereitungszeit:
45 Minuten, ohne Einweich- und Teiggehzeit

Pro Stück:
E: 7 g, F: 20 g, Kh: 48 g,
kJ: 1815, kcal: 434

GUT VORZUBEREITEN – MIT ALKOHOL

Knusperhäuschen

Zutaten

Für den Teig:
300 g flüssiger Honig
75 g Zucker
2 Pck. Vanillin-Zucker
1 Ei (Größe M)
50 g weiche Butter oder Margarine
4 EL Wasser
600 g Weizenmehl
30 g Kakaopulver
3 gestr. TL Backpulver

Zum Bestreichen:
etwas flüssige Schlagsahne

Für den Guss:
200–300 g gesiebter Puderzucker
1–2 Eiweiß

Zum Garnieren:
verschiedene Nusskerne
verschiedene Süßigkeiten

Zum Bestäuben:
etwas Puderzucker

Zubereitungszeit:
2 ½ Stunden, ohne Abkühl- und Trockenzeit

Insgesamt:
E: 85 g, F: 63 g, Kh: 1078 g, kJ: 22175, kcal: 5298

BELIEBT

1 Für den Teig Honig, Zucker, Vanillin-Zucker, Ei, Fett und Wasser mit Handrührgerät mit Rührbesen in einer Schüssel auf höchster Stufe gut verrühren. Mehl mit Kakao und Backpulver mischen, sieben, mit Handrührgerät mit Knethaken unterkneten. Anschließend auf einer bemehlten Arbeitsfläche zu einem glatten Teig verkneten.

2 Den Teig auf der bemehlten Arbeitsfläche knapp ½ cm dick ausrollen. Zunächst die vordere und die hintere Seite des Hauses ausschneiden (am besten nach Papierschablone, 2 Giebelseiten: Seitenlänge 10 cm, Seitenhöhe 5 cm, Firsthöhe 14 cm). Dach (2 Rechtecke 14 x 12 cm) und Seitenteile (2 Rechtecke 5 x 12 cm) ausschneiden.

3 Die Teigstücke auf Backbleche (mit Backpapier belegt) legen und mit Sahne bestreichen. Aus einem Teil des restlichen Teiges Figuren in verschiedenen Größen ausstechen, auf das Dach legen, mit Sahne bestreichen. Die Backbleche nacheinander (bei Heißluft zusammen) in den Backofen schieben.

Ober-/Unterhitze: etwa 200 °C (vorgeheizt)
Heißluft: etwa 180 °C (vorgeheizt)
Gas: Stufe 3–4 (vorgeheizt)
Backzeit: etwa 15 Minuten je Backblech.

4 Die Gebäckteile mit dem Backpapier von den Backblechen auf Kuchenroste ziehen. Gebäckteile erkalten lassen.

5 Für die Gebäckplatte einen Teil des restlichen Teiges ausrollen, auf ein Backblech (mit Backpapier belegt) legen und mit Sahne bestreichen. Aus dem restlichen Teig Zaun, Tannenbäume und Platten für den Hauseingang ausschneiden, mit auf das Backblech legen und mit Sahne bestreichen. Die Gebäckteile **bei gleicher Backofeneinstellung etwa 15 Minuten backen** und auf einem Kuchenrost erkalten lassen.

(Fortsetzung Seite 80)

6 Für den Guss Puderzucker mit Eiweiß zu einer dickflüssigen Masse verrühren. Hausteile mit etwas von dem Guss auf der Gebäckplatte zu einem Haus zusammensetzen. Guss trocknen lassen. Haus, Tannenbäume und Zaun mit restlichem Puderzuckerguss verzieren. Das Knusperhäuschen mit Nusskernen und Süßigkeiten garnieren. Mit Puderzucker bestäuben.

Nikolausstiefel

Zutaten

Für den Teig:
125 g flüssiger Honig
50 g Zucker
1 Pck. Vanillin-Zucker
60 g Butter
1 Eigelb (Größe M)
1 Msp. gemahlener Zimt
1 Msp. gemahlene Nelken
250 g Weizenmehl
1 gestr. EL Kakaopulver
2 gestr. TL Backpulver

Für den Guss:
100 g gesiebter Puderzucker
etwas Wasser

Zum Garnieren:
Gebäckschmuck
einige Schokolinsen
einige abgezogene Mandeln

Zubereitungszeit:
50 Minuten, ohne Kühl- und Trockenzeit

Insgesamt:
E: 39 g, F: 69 g, Kh: 448 g, kJ: 11167, kcal: 2668

FÜR KINDER – ZUM VERSCHENKEN

1 Für den Teig Honig mit Zucker, Vanillin-Zucker und Butter in einem Topf langsam erwärmen, zerlassen, in eine Rührschüssel geben und kalt stellen.

2 Unter die fast erkaltete Masse mit Handrührgerät mit Rührbesen Eigelb, Zimt und Nelken rühren. Mehl mit Kakao und Backpulver mischen, sieben und zwei Drittel davon portionsweise auf mittlerer Stufe unterrühren. Den Teigbrei mit dem restlichen Mehlgemisch auf der Arbeitsfläche zu einem glatten Teig verkneten. Sollte er kleben, ihn in Folie gewickelt eine Zeit lang kalt stellen.

3 Den Teig auf der bemehlten Arbeitsfläche gut ½ cm dick ausrollen. Stiefel von gewünschter Größe (am besten nach einer Papierschablone) ausschneiden und auf Backbleche (mit Backpapier belegt) legen. Aus dem restlichen Teig Plätzchen ausstechen und ebenfalls mit auf die Backbleche legen. Die Backbleche nacheinander (bei Heißluft zusammen) in den Backofen schieben.

Ober-/Unterhitze: etwa 200 °C (vorgeheizt)
Heißluft: etwa 180 °C (vorgeheizt)
Gas: Stufe 3–4 (vorgeheizt)
Backzeit: etwa 15 Minuten je Backblech.

4 Das Gebäck mit dem Backpapier von den Backblechen auf Kuchenroste ziehen. Gebäck erkalten lassen.

5 Für den Guss Puderzucker mit Wasser zu einer dickflüssigen Masse verrühren. Den Guss in ein Pergamentpapiertütchen füllen, eine kleine Spitze abschneiden. Die Stiefel und Plätzchen mit dem Guss verzieren, mit Gebäckschmuck, Schokolinsen und Mandeln garnieren. Guss fest werden lassen.

Weihnachtsbaum

Zutaten

Für den Rührteig:
350 g Butter oder Margarine
250 g Zucker
1 Pck. Vanillin-Zucker
1 Pck. Finesse Orangenfrucht
6 Eier (Größe M)
250 g Weizenmehl
100 g Speisestärke
2 gestr. TL Backpulver
100 g Vollmilchschokolade

Semmelbrösel

Für den Guss:
150 g gesiebter Puderzucker
2 EL Orangensaft

Zum Bestäuben:
etwas Puderzucker

Nach Belieben zum Garnieren:
einige Schokoladenkugeln

Zubereitungszeit:
45 Minuten, ohne Abkühlzeit

Insgesamt:
E: 84 g, F: 360 g, Kh: 749 g, kJ: 28239, kcal: 6746

FÜR KINDER

1 Für den Teig Butter oder Margarine mit Handrührgerät mit Rührbesen auf höchster Stufe geschmeidig rühren. Nach und nach Zucker, Vanillin-Zucker und Orangenfrucht unterrühren. So lange rühren, bis eine gebundene Masse entstanden ist. Eier nach und nach unterrühren (jedes Ei etwa ½ Minute).

2 Mehl mit Speisestärke und Backpulver mischen, sieben und portionsweise auf mittlerer Stufe unterrühren. Schokolade fein hacken und ebenfalls unterrühren.

3 Den Teig in eine Weihnachtsbaum-Backform (etwa 1,5 l Inhalt, gut gefettet, mit Semmelbröseln ausgestreut) geben und glatt streichen. Die Form auf dem Rost in den Backofen schieben.

Ober-/Unterhitze: etwa 180 °C (vorgeheizt, untere Einschubleiste)
Heißluft: etwa 160 °C (nicht vorgeheizt)
Gas: Stufe 2–3 (nicht vorgeheizt)
Backzeit: 50–60 Minuten.

4 Den Weihnachtsbaum etwa 10 Minuten in der Form stehen lassen, dann aus der Form lösen und auf einen mit Backpapier belegten Kuchenrost stürzen. Weihnachtsbaum erkalten lassen.

5 Für den Guss Puderzucker mit Orangensaft zu einer dickflüssigen Masse verrühren, in ein Pergamentpapiertütchen füllen, eine kleine Spitze abschneiden. Den Weihnachtsbaum damit verzieren. Guss fest werden lassen. Den Weihnachtsbaum mit Puderzucker bestäuben und nach Belieben mit Schokoladenkugeln garnieren.

Tipp: *Falls der Weihnachtsbaum vollständig mit Puderzuckerguss überzogen werden soll, 200 g gesiebten Puderzucker mit 3–4 Esslöffeln Orangensaft verrühren.*
Es gibt unterschiedliche weihnachtliche Backformen von mehreren Herstellern (Weihnachtsmänner, Sterne usw. Beachten Sie, dass die Form einen Inhalt von etwa 1,5 l Inhalt hat).

Butterkonfekt

Zutaten
etwa 25 Stück

150 g weiche Butter
100 g gesiebter Puderzucker
1 Pck. Vanillin-Zucker
2 ganz frische Eigelb (Größe M)
200 g Zartbitterschokolade

Schokoladenstreusel oder Kakaopulver

Zubereitungszeit:
35 Minuten, ohne Kühlzeit

Pro Stück:
E: 1 g, F: 8 g, Kh: 9 g,
kJ: 476, kcal: 114

ZUM VERSCHENKEN

1 Butter in einer Rührschüssel mit Handrührgerät geschmeidig rühren. Puderzucker und Vanillin-Zucker nach und nach unter Rühren hinzugeben. Eigelb unterrühren.

2 Schokolade in kleine Stücke brechen, in einem kleinen Topf im Wasserbad bei schwacher Hitze zu einer geschmeidigen Masse verrühren und unter die Eigelbcreme rühren. Die Masse kalt stellen und fest werden lassen.

3 Aus der fest gewordenen Masse teelöffelweise haselnussgroße Kugeln abnehmen, diese rund oder länglich formen, dann in Schokoladenstreuseln oder Kakao wälzen und kalt stellen.

4 Das Butterkonfekt in Zellophantütchen verpacken oder in gut schließende Glas- oder Porzellangefäße geben und kühl aufbewahren (am besten im Kühlschrank). Gut gekühlt servieren.

Tipp: *Wird das Konfekt durch die Handwärme beim Formen zu weich, es vor dem Wälzen etwa 10 Minuten kalt stellen. Das Butterkonfekt immer kühl und nur einige Tage aufbewahren.*

Hinweis: *Nur ganz frische Eier verwenden, die nicht älter als 5 Tage sind (Legedatum beachten!).*

Kirschwasser-Trüffel

Zutaten

etwa 20 Stück

Für die Trüfffelmasse:
200 g Vollmilchschokolade
50 g Crème Double
35 g feinkörniger Zucker
3 EL Kirschwasser

Für den Guss:
150 g Halbbitter-Kuvertüre
1 EL Speiseöl

Außerdem:
Pralinenförmchen

Zubereitungszeit:
45 Minuten, ohne Abkühl- und Kühlzeit

Pro Stück:
E: 1 g, F: 8 g, Kh: 11 g, kJ: 528, kcal: 126

MIT ALKOHOL

1 Für die Trüffelmasse Schokolade in Stücke brechen und in einem kleinen Topf im Wasserbad bei schwacher Hitze zu einer geschmeidigen Masse verrühren. Crème Double und Zucker unter Rühren hinzufügen.

2 Die Masse in eine Rührschüssel geben. Kirschwasser hinzufügen und mit Handrührgerät mit Rührbesen unterrühren, etwas abkühlen lassen. Wenn die Masse anfängt dicklich zu werden, sie zu kleinen Kugeln formen und fest werden lassen (evtl. zwischendurch kalt stellen).

3 Für den Guss Kuvertüre in Stücke hacken, mit Speiseöl in einem kleinen Topf im Wasserbad bei schwacher Hitze zu einer geschmeidigen Masse verrühren. Die Trüffelkugeln mit Hilfe von 2 Gabeln hineintauchen, auf ein Kuchengitter geben und fest werden lassen. Trüffel vorsichtig lösen, evtl. mit einem kleinen Küchenmesser abschneiden und in kleine Pralinenförmchen setzen. Die Trüffel kühl aufbewahren.

Tipp: *Statt die Trüffel mit Guss zu überziehen, können Sie sie auch in mit Puderzucker gemischtem Kakao wälzen. Crème Double kann auch durch Schlagsahne ersetzt werden. Die Trüffel nach Belieben mit Liebesperlen garnieren, dann Liebesperlen auf den noch feuchten Guss streuen und fest werden lassen*

Sahnekonfekt

Zutaten

etwa 35 Stück

Für die Trüffelmasse:
300 g Vollmilch-Kuvertüre
½ Vanilleschote
125 ml (⅛ l) Schlagsahne

1 Für die Trüffelmasse Kuvertüre grob hacken. Vanilleschote der Länge nach aufschlitzen und das Mark herauskratzen. Sahne und Vanillemark in einem kleinen Topf zum Kochen bringen. Den Topf von der Kochstelle nehmen. Kuvertürestücke hinzufügen und unter Rühren darin schmelzen. So lange rühren, bis eine einheitliche Masse entstanden ist. Schokoladenmasse in eine Schüssel geben und zugedeckt über Nacht kalt stellen.

(Fortsetzung Seite 88)

Zutaten

30 g weiche Butter

50 g gesiebter Puderzucker
20 g Kakaopulver

Zubereitungszeit:
50 Minuten, ohne Kühlzeit

Pro Stück:
E: 1 g, F: 5 g, Kh: 6 g,
kJ: 310, kcal: 74

GUT VORZUBEREITEN

2 Die Schokoladen-Sahne-Masse und Butter mit Handrührgerät mit Rührbesen cremig schlagen. Die Masse nochmals so lange kalt stellen, bis sie wieder fest geworden ist.

3 Aus der Masse kleine Kugeln formen, diese in Puderzucker wälzen und mit Kakao bestäuben. Kugeln in Pralinenförmchen legen und kühl aufbewahren.

Tipp: *Das Konfekt hübsch verpackt in einer kleinen Schachtel verschenken.*

Orangentrüffel

Zutaten

etwa 30 Stück

Zum Vorbereiten:
200 g Zartbitterschokolade
75 g abgezogene, gehackte Mandeln

125 g weiche Butter
125 g gesiebter Puderzucker
2–3 EL Orangenmarmelade
100 g Raspelschokolade

Zubereitungszeit:
60 Minuten, ohne Kühlzeit

Pro Stück:
E: 1 g, F: 7 g, Kh: 11 g,
kJ: 502, kcal: 120

GUT VORZUBEREITEN

1 Zum Vorbereiten Schokolade in Stücke brechen, in einem kleinen Topf im Wasserbad bei schwacher Hitze zu einer geschmeidigen Masse verrühren, abkühlen lassen (sie sollte noch flüssig, aber nicht mehr warm sein). Mandeln in einer Pfanne ohne Fett leicht bräunen, dann auf einen Teller geben und erkalten lassen.

2 Butter mit Handrührgerät mit Rührbesen auf höchster Stufe geschmeidig rühren, Puderzucker unterrühren. Aufgelöste Schokolade und Marmelade hinzufügen. Die Zutaten gut verrühren. Die Masse zugedeckt einige Stunden kalt stellen.

3 Von der Trüffelmasse mit einem Teelöffel kleine Stücke abstechen und zu Kugeln formen (evtl. die Masse zwischendurch kalt stellen).

4 Die Hälfte der Trüffel in Mandeln, die restlichen Trüffel in Raspelschokolade wälzen. Orangentrüffel gut gekühlt servieren.

Tipp: *Die Orangentrüffel können durch Zugabe von 1–2 Esslöffeln Orangenlikör verfeinert werden.*
In gut schließenden Dosen kühl aufbewahrt sind die Trüffel 3–4 Wochen haltbar.

Mandelsplittertrüffel

Zutaten

etwa 25 Stück

Zum Vorbereiten:
50–75 g abgezogene, geröstete, gestiftelte Mandeln
250 g Halbbitter-Kuvertüre

125 g weiche Butter
2 EL gesiebter Puderzucker
5 EL Mandellikör

Für den Guss:
150 g Vollmilch-Kuvertüre
2 TL Speiseöl

Zum Bestreuen:
30 g geraspelte weiße Schokolade

Zubereitungszeit:
60 Minuten, ohne Abkühlzeit

Pro Stück:
E: 2 g, F: 12 g, Kh: 11 g,
kJ: 712, kcal: 170

MIT ALKOHOL

1 Zum Vorbereiten Mandeln in einer Pfanne ohne Fett hellbraun rösten, erkalten lassen. Kuvertüre in Stücke hacken, in einem kleinen Topf im Wasserbad bei schwacher Hitze zu einer geschmeidigen Masse verrühren und abkühlen lassen (die Kuvertüre sollte noch flüssig, jedoch nicht mehr warm sein).

2 Butter und Puderzucker mit Handrührgerät mit Rührbesen auf höchster Stufe cremig rühren. Likör und die aufgelöste Kuvertüre unterrühren. Die Masse in einen Spritzbeutel mit Lochtülle füllen und auf Pergament- oder Backpapier walnussgroße Häufchen spritzen (oder mit Hilfe von 2 Teelöffeln). In jedes Häufchen einige Mandelstifte drücken. Die Trüffel fest werden lassen.

3 Für den Guss Kuvertüre in Stücke hacken, mit Speiseöl in einem kleinen Topf im Wasserbad bei schwacher Hitze zu einer geschmeidigen Masse verrühren. Die Trüffel damit überziehen und mit Schokoladenraspeln bestreuen. Guss fest werden lassen. Mandelsplittertrüffel gut gekühlt servieren.

Tipp: *Gekühlt aufbewahrt sind die Mandelsplittertrüffel 3–4 Wochen haltbar.*

Karamell-Mandel-Pralinen

Zutaten

etwa 15 Stück

Für die Karamellmasse:
165 g Zucker, 1 EL Butter
1 EL Schlagsahne
75 g Marzipan-Rohmasse
85 g geröstete, gestiftelte Mandeln

Für den Guss:
150 g Vollmilch-Kuvertüre
2 TL Speiseöl

Kakaopulver, Puderzucker

Zubereitungszeit:
40 Minuten, ohne Abkühlzeit

Pro Stück:
E: 2 g, F: 10 g, Kh: 19 g,
kJ: 741, kcal: 177

GUT VORZUBEREITEN

1 Für die Karamellmasse Zucker in einem Topf unter Rühren karamellisieren lassen, bis er hellbraun ist. Den Topf von der Kochstelle nehmen. Weiche Butter und Sahne unterrühren. Die Masse unter Rühren nochmals leicht erhitzen. Marzipan-Rohmasse in kleine Würfel schneiden. Marzipanwürfel und Mandeln unterrühren.

2 Die Karamellmasse etwa 1 cm dick auf ein Backblech (mit Butter gefettet) streichen und erkalten lassen. Anschließend kleine Rechtecke von etwa 1 x 3 cm mit einem scharfen Messer ausschneiden.

3 Für den Guss Kuvertüre in Stücke hacken, mit Speiseöl in einem kleinen Topf im Wasserbad bei schwacher Hitze zu einer geschmeidigen Masse verrühren. Die Rechtecke mit Hilfe von 2 Gabeln hineintauchen, Unterseite abstreifen und die Stücke auf Backpapier legen. Mit Kakao bestäuben. Kuvertüre fest werden lassen. Nach Belieben mit Puderzucker bestäuben.

Tipp: *Zum Schneiden der Karamellmasse am besten ein feuchtes Messer verwenden.*
Gut verpackt sind die Karamell-Mandel-Pralinen 4–6 Wochen haltbar.

Walnuss-Aprikosen-Konfekt

Zutaten

etwa 30 Stück

125 g getrocknete Aprikosen
3 EL Aprikot Brandy
200 g Marzipan-Rohmasse
100 g gesiebter Puderzucker

1 Aprikosen in sehr kleine Stücke schneiden, mit Aprikot Brandy beträufeln und zugedeckt etwa 2 Stunden durchziehen lassen.

2 Marzipan-Rohmasse klein schneiden, in eine Schüssel geben und mit Handrührgerät mit Rührbesen gut ver rühren. Puderzucker unterkneten. Zuletzt die Aprikosenstückchen unterkneten.

(Fortsetzung Seite 94)

Zutaten

100 g Halbbitter-Kuvertüre
1 EL Speiseöl

100 g Walnusskernhälften

Zubereitungszeit:
50 Minuten, ohne Ziehzeit

Pro Stück:
E: 2 g, F: 6 g, Kh: 11 g,
kJ: 465, kcal: 111

MIT ALKOHOL

3 Die Aprikosen-Marzipan-Masse auf einer mit Puderzucker bestäubten Arbeitsfläche zu etwa 2 cm dicken Rollen formen, diese in etwa ½ cm dicke Scheiben schneiden.

4 Kuvertüre in Stücke hacken, mit Speiseöl in einem kleinen Topf im Wasserbad bei schwacher Hitze zu einer geschmeidigen Masse verrühren. Jede Marzipanscheibe zu Hälfte hineintauchen, auf Backpapier setzen und evtl. nochmals umsetzen, damit das Konfekt keine „Füßchen" bekommt.

5 Walnusskernhälften auf den noch feuchten Guss setzen. Den Guss fest werden lassen. Das Konfekt möglichst in Pralinenförmchen setzen und in gut schließenden Dosen kühl aufbewahren.

Mandel-Ingwer-Krokant

Zutaten
etwa 25 Stück

Für die Krokantmasse:
250 g Zucker
200 g flüssiger Honig
100 g weiche Butter
250 g abgezogene, gehobelte Mandeln
75–100 g fein gewürfelter, kandierter Ingwer
etwas Speiseöl

Für den Guss:
100 g Halbbitter-Kuvertüre
2 TL Speiseöl

Zubereitungszeit:
45 Minuten, ohne Abkühlzeit

Pro Stück:
E: 2 g, F: 10 g, Kh: 19 g,
kJ: 831, kcal: 199

GUT VORZUBEREITEN

1 Für die Krokantmasse Zucker in einem Topf unter Rühren schmelzen lassen. Honig und Butter unter Rühren hinzufügen und so lange rühren, bis eine einheitliche Masse entstanden ist.

2 Mandeln und Ingwer unterrühren. Die Masse unter Rühren zum Kochen bringen und unter ständigem Rühren einige Minuten kochen lassen.

3 Die Masse etwa 1 ½ cm dick auf ein Backblech (30 x 40 cm, gut mit Speiseöl bestrichen) streichen und etwas abkühlen lassen. Anschließend in kleine Rauten, Dreiecke oder Rechtecke schneiden und erkalten lassen.

4 Für den Guss Kuvertüre in Stücke hacken, mit Speiseöl in einem kleinen Topf im Wasserbad bei schwacher Hitze zu einer geschmeidigen Masse verrühren. Die Mandel-Ingwer-Krokant-Stücke jeweils mit einer Ecke oder Seite hineintauchen, die Unterseite abstreifen und auf Backpapier setzen. Kuvertüre fest werden lassen. Mandel-Ingwer-Krokant in gut schließenden Dosen kühl aufbewahren.

Tipp: *Anstelle von fein gewürfeltem Ingwer kann auch kandierte Ananas verwendet werden.*

Glühweinkuchen

Zutaten

etwa 16 Stück

Zum Vorbereiten:
50 g Halbbitter-Kuvertüre

Für den Rührteig:
250 g Butter oder Margarine
250 g Zucker, 1 Pck. Bourbon-Vanille-Zucker
abgeriebene Zitronen- und Orangenschale (unbehandelt)
1 Msp. gemahlene Nelken
4 Eier (Größe M)
250 g Weizenmehl
20 g Kakaopulver
3 gestr. TL Backpulver
125 ml (⅛ l) kalter Glühwein

Zum Aprikotieren:
30 g Zucker, 2 EL Wasser
50 g Aprikosenkonfitüre

Für den Guss:
2 EL Glühwein, 2 EL Zucker
Schale von je 1 Orange und Zitrone (unbehandelt)
125 g gesiebter Puderzucker

1 EL geviertelte, kandierte Kirschen zum Bestreuen

1 Zum Vorbereiten Kuvertüre in Stücke hacken, in einem kleinen Topf im Wasserbad bei schwacher Hitze zu einer geschmeidigen Masse verrühren.

2 Für den Teig Fett mit Handrührgerät mit Rührbesen auf höchster Stufe geschmeidig rühren. Nach und nach Zucker, Vanille-Zucker, Zitronen- und Orangenschale und Nelken unterrühren. So lange rühren, bis eine gebundene Masse entstanden ist. Eier nach und nach unterrühren (jedes Ei etwa ½ Minute). Mehl mit Kakao und Backpulver mischen, sieben und portionsweise abwechselnd mit dem Glühwein auf mittlerer Stufe unterrühren. Zuletzt die aufgelöste Kuvertüre unterrühren.

3 Den Teig in eine Napfkuchenform (Ø 22 cm, gefettet, gemehlt) geben und glatt streichen. Die Form auf dem Rost in den Backofen schieben.

Ober-/Unterhitze: etwa 180 °C (vorgeheizt, unteres Drittel)
Heißluft: etwa 160 °C (nicht vorgeheizt)
Gas: Stufe 2–3 (nicht vorgeheizt)
Backzeit: 50–60 Minuten.

4 Den Kuchen etwa 10 Minuten in der Form stehen lassen, dann aus der Form lösen und auf einen mit Backpapier belegten Kuchenrost stürzen.

5 Zum Aprikotieren Zucker mit Wasser in einem kleinen Topf unter Rühren so lange erhitzen, bis der Zucker gelöst ist. Konfitüre durch ein Sieb streichen, hinzugeben und so lange kochen lassen, bis die Masse anfängt dicklich zu werden. Den warmen Kuchen damit bestreichen und erkalten lassen.

(Fortsetzung Seite 98)

Zubereitungszeit:
45 Minuten, ohne Durchziehzeit

Pro Stück:
E: 4 g, F: 16 g, Kh: 44 g,
kJ: 1466, kcal: 350

GUT VORZUBEREITEN

6 Für den Guss Glühwein mit Zucker zum Kochen bringen. Orange und Zitrone gründlich waschen, abtrocknen und schälen. Die Schalen in feine Streifen schneiden. Zitronen- und Orangenschalen zum Glühwein geben und etwas kochen lassen. Anschließend durch ein Sieb gießen, den Saft auffangen und 2 Esslöffel davon abmessen. Die Zitronen- und Orangenschalenstreifen auf ein Küchentuch geben und trockentupfen.

7 Puderzucker mit dem aufgefangenen Saft zu einer dickflüssigen Masse verrühren. Den Kuchen damit bestreichen und mit Zitronen- und Orangenschalenstreifen und Kirschvierteln bestreuen. Guss fest werden lassen.

Honigbrot

Zutaten

etwa 20 Stück

Für den Teig:
250 g flüssiger Honig
150 g Zucker
80 g Butter oder Margarine
200 g Roggenmehl (Type 1150)
200 g Weizenmehl (Type 550)
1 Pck. Backpulver, 3 gestr. TL Lebkuchengewürz
1 gestr. TL gemahlener Zimt
100 g gehackte Haselnusskerne, 100 g Rosinen oder gehackte kandierte Früchte
300 ml Milch

Zubereitungszeit:
25 Minuten, ohne Abkühlzeit

Pro Stück:
E: 3 g, F: 7 g, Kh: 36 g,
kJ: 946, kcal: 226

GUT VORZUBEREITEN

1 Für den Teig Honig mit Zucker und Butter oder Margarine in einem Topf unter Rühren zerlassen und etwa 2 Minuten köcheln lassen. Anschließend abkühlen lassen, bis die Mischung lauwarm ist. Beide Mehlsorten mit Backpulver mischen, zusammen mit Lebkuchengewürz und Zimt auf die Honigmasse geben. Haselnusskerne, Rosinen oder kandierte Früchte hinzufügen. Milch hinzugießen. Die Zutaten mit Handrührgerät mit Rührbesen auf höchster Stufe gut verrühren.

2 Den Teig in eine Kastenform (30 x 11 cm, gefettet) geben und glatt streichen. Die Form auf dem Rost in den Backofen schieben.

Ober-/Unterhitze: etwa 180 °C (vorgeheizt)
Heißluft: etwa 160 °C (nicht vorgeheizt)
Gas: Stufe 2–3 (nicht vorgeheizt)
Backzeit: etwa 60 Minuten.

3 Den Kuchen etwa 10 Minuten in der Form stehen lassen, dann auf einen mit Backpapier belegten Kuchenrost geben und erkalten lassen.

Tipp: *Sie können den Teig auch in eine Fettfangschale (30 x 40 cm, gefettet) streichen, mit 70 g abgezogenen, gestiftelten Mandeln bestreuen und bei gleicher Backofeneinstellung etwa 25 Minuten backen.*

Nuss-Cappuccino-Ecken

Zutaten

etwa 60 Stück

Für den All-in-Teig:
300 g Weizenmehl
1 Pck. Backpulver
300 g Zucker
1 Pck. Vanillin-Zucker
1 Pck. Finesse Orangenfrucht
½ TL gemahlener Zimt
4 Eier (Größe M)
200 g Butter oder Margarine
200 ml kalter Cappuccino oder starker Kaffee
100 g gemahlene Haselnusskerne
100 g gehackte Haselnusskerne
100 g Zartbitter-Raspelschokolade

Zum Garnieren und Verzieren:
100 g Marzipan-Rohmasse
30 g Zucker
50 g Halbbitter-Kuvertüre

Zubereitungszeit:
55 Minuten, ohne Abkühlzeit

Pro Stück:
E: 2 g, F: 7 g, Kh: 12 g, kJ: 495, kcal: 118

SCHNELL

1 Für den Teig Mehl mit Backpulver mischen und in eine Rührschüssel sieben. Zucker, Vanillin-Zucker, Orangenfrucht, Zimt, Eier, Butter oder Margarine, Cappuccino oder Kaffee, Haselnusskerne und Raspelschokolade hinzufügen. Die Zutaten mit Handrührgerät mit Rührbesen auf höchster Stufe in etwa 2 Minuten zu einem glatten Teig verarbeiten.

2 Den Teig auf ein Backblech (30 x 40 cm, gefettet) geben und glatt streichen. Einen Backrahmen darumstellen. Das Backblech in den Backofen schieben.

Ober-/Unterhitze: etwa 180 °C (vorgeheizt, untere Einschubleiste)
Heißluft: etwa 160 °C (vorgeheizt)
Gas: Stufe 2–3 (vorgeheizt)
Backzeit: etwa 25 Minuten.

3 Das Gebäck auf dem Backblech auf einem Kuchenrost erkalten lassen. Backrahmen lösen und entfernen. Gebäck in Rauten oder Dreiecke schneiden.

4 Zum Garnieren Marzipan-Rohmasse zwischen 2 Lagen Frischhaltefolie knapp ½ cm dick ausrollen, kleine Sterne ausstechen und in Zucker wenden.

5 Zum Verzieren Kuvertüre in Stücke hacken, in einem kleinen Topf im Wasserbad bei schwacher Hitze zu einer geschmeidigen Masse verrühren. Die Gebäckrauten oder -ecken mit Hilfe eines Teelöffels damit besprenkeln und mit den Marzipansternen garnieren.

Tipp: *Besonders raffiniert schmecket das Gebäck, wenn man 50 ml des Cappuccinos, bzw. Kaffees durch Weinbrand, Kaffeelikör oder Rum ersetzt.*
Noch schneller geht es, wenn das Gebäck statt mit Marzipansternen mit einem Puderzucker-Zimt-Gemisch bestäubt wird.

Glühwein-Dreispitze

Zutaten

etwa 60 Stück

Für den Rührteig:
250 g Butter oder Margarine
250 g Zucker
1 Pck. Vanillin-Zucker
4 Eier (Größe M)
250 g Weizenmehl
1 Pck. Backpulver
125 ml (⅛ l) Glühwein
100 g geriebene Zartbitterschokolade

Zum Bestreuen:
120 g abgezogene, gehackte Mandeln

Für die Glasur:
200 g gesiebter Puderzucker
3–4 EL Glühwein

Zubereitungszeit:
35 Minuten, ohne Abkühlzeit

Pro Stück:
E: 2 g, F: 6 g, Kh: 12 g,
kJ: 454, kcal: 109

MIT ALKOHOL

1 Für den Teig Butter oder Margarine mit Handrührgerät mit Rührbesen auf höchster Stufe geschmeidig rühren. Nach und nach Zucker und Vanillin-Zucker unterrühren. So lange rühren, bis eine gebundene Masse entstanden ist.

2 Eier nach und nach unterrühren (jedes Ei etwa ½ Minute). Mehl mit Backpulver mischen, sieben, portionsweise abwechselnd mit dem Glühwein auf mittlerer Stufe unterrühren. Zuletzt die Schokolade unterrühren.

3 Den Teig auf ein Backblech (30 x 40 cm, gefettet, mit Backpapier belegt) geben und glatt streichen. Vor den Teig einen mehrfach geknickten Streifen Alufolie legen. Das Backblech in den Backofen schieben.

Ober-/Unterhitze: etwa 200 °C (vorgeheizt)
Heißluft: etwa 180 °C (vorgeheizt)
Gas: Stufe 3–4 (vorgeheizt)
Backzeit: etwa 25 Minuten.

4 Das Gebäck vom Rand lösen, dann mit dem Backpapier vom Backblech auf einen Kuchenrost ziehen.

5 Zum Bestreuen Mandeln in einer Pfanne ohne Fett leicht bräunen und auf einem Teller erkalten lassen.

6 Für die Glasur Puderzucker mit Glühwein zu einer dickflüssigen Masse verrühren, das noch warme Gebäck damit bestreichen und mit Mandeln bestreuen. Guss fest werden lassen.

7 Das Gebäck mit einem scharfen Messer in Dreiecke schneiden.

Tipp: *Das Gebäck auf dem Backblech, mit Alufolie gut zugedeckt, hält sich 2–3 Tage frisch. Die Glühwein-Dreiecke in einer gut schließenden Dose aufbewahren.*

Honigkuchen vom Blech

Zutaten

etwa 40 Stück

Für den Teig:
250 g flüssiger Honig
125 g Butter oder Margarine
2 Eier (Größe M)
1 Pck. Lebkuchengewürz
abgeriebene Schale von
1 Zitrone (unbehandelt)
375 g Weizenmehl
1 Pck. Backpulver
3 gestr. TL Kakaopulver
100 g gemahlene Haselnusskerne
100 g Korinthen

Zum Bestreichen und Bestreuen:
2 EL Milch, 100 g abgezogene, gehobelte Mandeln

Zum Aprikotieren:
5 EL Aprikosen-Maracuja-Konfitüre

Für den Guss:
200 g Zartbitterschokolade
25 g Kokosfett

Zubereitungszeit:
60 Minuten, ohne Kühlzeit

Pro Stück:
E: 3 g, F: 8 g, Kh: 18 g,
kJ: 452, kcal: 108

GUT VORZUBEREITEN

1 Für den Teig Honig mit Butter oder Margarine in einem Topf unter Rühren langsam erwärmen, zerlassen, in eine Rührschüssel geben und kalt stellen.

2 Unter die fast erkaltete Masse mit Handrührgerät mit Rührbesen auf höchster Stufe Eier, Lebkuchengewürz und Zitronenschale rühren.

3 Mehl mit Backpulver und Kakao mischen, sieben und portionsweise auf mittlerer Stufe unterrühren. Zuletzt Haselnusskerne und Korinthen unterrühren.

4 Den Teig auf ein Backblech (30 x 40 cm, gefettet, mit Backpapier belegt) geben und glatt streichen. Den Teig mit Milch bestreichen und mit Mandeln bestreuen. Vor den Teig einen mehrfach geknickten Streifen Alufolie legen. Das Backblech in den Backofen schieben.

Ober-/Unterhitze: etwa 180 °C (vorgeheizt)
Heißluft: etwa 160 °C (vorgeheizt)
Gas: Stufe 2–3 (vorgeheizt)
Backzeit: etwa 20 Minuten.

5 Das Backblech auf einen Kuchenrost stellen. Zum Aprikotieren Konfitüre durch ein Sieb streichen. Den Kuchen sofort damit bestreichen. Kuchen erkalten lassen.

6 Für den Guss Schokolade in kleine Stücke brechen, mit Kokosfett in einem kleinen Topf im Wasserbad bei schwacher Hitze zu einer geschmeidigen Masse verrühren. Den Kuchen damit bestreichen, den Guss fest werden lassen. Anschließend den Kuchen in beliebig große Stücke schneiden.

Tipp: *Den Kuchen mit Walnusskernhälften, abgezogenen, halbierten Mandeln, Schokoladenblättchen oder -locken garnieren. Dafür die angegebenen Zutaten in den noch feuchten Guss drücken und den Guss fest werden lassen.*

Weihnachtshappen

Zutaten

etwa 70 Stück

Für den Rührteig:
125 g abgezogene, ganze Mandeln
200 g Butter oder Margarine
200 g Zucker
1 Prise Salz
2 Eier (Größe M)
2–3 gestr. TL gemahlener Zimt
1 Msp. gemahlene Nelken
250 g Weizenmehl
1 gestr. TL Backpulver
100 g geriebene Zartbitter-schokolade
100 g Grümmel (gestoßener brauner Kandis)

Für den Guss:
150 g dunkle Kuchenglasur

Nach Belieben:
50 g Raspelschokolade

Zubereitungszeit:
50 Minuten, ohne Abkühlzeit

Pro Stück:
E: 1 g, F: 4 g, Kh: 10 g,
kJ: 351, kcal: 84

RAFFINIERT –
GUT VORZUBEREITEN

1 Für den Teig Mandeln in dicke Scheiben schneiden oder grob hacken. Butter oder Margarine mit Handrührgerät mit Rührbesen auf höchster Stufe geschmeidig rühren. Nach und nach Zucker und Salz unterrühren. So lange rühren, bis eine gebundene Masse entstanden ist.

2 Eier nach und nach unterrühren (jedes Ei etwa ½ Minute). Zimt und Nelken hinzufügen. Mehl mit Backpulver mischen, sieben, portionsweise auf mittlerer Stufe unterrühren. Zuletzt Schokolade, Grümmel und Mandeln unterrühren.

3 Den Teig auf ein Backblech (30 x 40 cm, gefettet, mit Backpapier belegt) geben und glatt streichen. Vor den Teig einen mehrfach umgeknickten Streifen Alufolie legen. Das Backblech in den Backofen schieben.

Ober-/Unterhitze: etwa 180 °C (vorgeheizt)
Heißluft: etwa 160 °C (vorgeheizt)
Gas: Stufe 2–3 (vorgeheizt)
Backzeit: etwa 25 Minuten.

4 Das Backblech auf einen Kuchenrost stellen. Das Gebäck darauf erkalten lassen.

5 Für den Guss die Kuchenglasur nach Packungsanleitung auflösen. Das Gebäck damit bestreichen und kurze Zeit kalt stellen. Dann mit einer Gabel Verzierungen durch den Guss ziehen oder das Gebäck mit Raspelschokolade bestreuen. Guss fest werden lassen. Das Gebäck mit einem scharfen Messer in Quadrate (etwa 4 x 4 cm) schneiden.

Tipp: *Sie können das Gebäck auch mit einem Kuvertüreguss überziehen. Dafür 200 g Halbbitter-Kuvertüre in Stücke hacken, mit 2 Esslöffeln Speiseöl in einem kleinen Topf im Wasserbad bei schwacher Hitze zu einer geschmeidigen Masse verrühren. Den Kuchen damit bestreichen.*

Quarkstollen

Zutaten
etwa 20 Stück

Zum Vorbereiten:
375 g Rosinen, 100 ml Rum

Für den Teig:
500 g Weizenmehl
1 Pck. Backpulver
150 g Zucker
1 Pck. Vanillin-Zucker
4 Tropfen Bittermandel-Aroma
je 1 Msp. Nelken, Kardamom, Ingwer, Muskatnuss und Zimt (alles gemahlen)
1 Pck. Finesse Orangenfrucht
2 Eier (Größe M)
200 g Butter oder Margarine
250 g Magerquark
250 g abgezogene, gemahlene Mandeln
je 100 g gewürfeltes Zitronat (Sukkade) und Orangeat

100 g zerlassene Butter
50 g Puderzucker

Zubereitungszeit:
45 Minuten, ohne Einweichzeit

Pro Stück:
E: 8 g, F: 20 g, Kh: 50 g,
kJ: 1857, kcal: 444

GUT VORZUBEREITEN

1 Zum Vorbereiten Rosinen mit Rum vermischen und zugedeckt mehrere Stunden (am besten über Nacht) einweichen.

2 Für den Teig Mehl mit Backpulver mischen und in eine Rührschüssel sieben. Zucker, Vanillin-Zucker, Aroma, Gewürze, Orangenfrucht, Eier, Butter oder Margarine und Quark hinzufügen. Die Zutaten mit Handrührgerät mit Knethaken zunächst kurz auf niedrigster, dann auf höchster Stufe gut durcharbeiten.

3 Anschließend auf einer bemehlten Arbeitsfläche Mandeln, Zitronat, Orangeat und die Rum-Rosinen kurz unterkneten und alles zu einem glatten Teig verkneten.

4 Den Teig zu einem Stollen formen, dazu den Teig zu einer Rolle (etwa 30 cm lang) formen und mit einer Teigrolle der Länge nach eine Vertiefung eindrücken, die linke auf die rechte Seite schlagen, den mittleren Teil mit den Händen formen. Den Teigstollen auf ein Backblech (dreifach mit Backpapier belegt) legen. Das Backblech in den Backofen schieben.

Ober-/Unterhitze: vorheizen auf etwa 250 °C, backen bei etwa 180 °C
Heißluft: vorheizen auf etwa 220 °C, backen bei etwa 160 °C
Gas: vorheizen auf etwa Stufe 5, backen bei Stufe 2–3
Backzeit: etwa 55 Minuten.

5 Den Stollen sofort nach dem Backen mit der Hälfte der Butter bestreichen, mit der Hälfte des Puderzuckers bestäuben und etwas abkühlen lassen. Dann den Vorgang wiederholen und den Stollen vollständig erkalten lassen.

Tipp: *Statt der vielen unterschiedlichen Gewürze können auch 1–2 gestrichene Teelöffel Christstollengewürz verwendet werden. Besonders mürbe wird der Stollen, wenn 50 g der Butter oder Margarine durch fein gehacktes Rinderfett ersetzt werden.*

Kleine Hutzelbrote

Zutaten

3 Stück, insgesamt etwa 36 Scheiben

Zum Vorbereiten:
500 g Backobst
500 ml (½ l) Wasser
250 g Dörrpflaumen, entsteint
250 g getrocknete Feigen
50 g Orangeat
50 g Zitronat (Sukkade)
150 g Makadamianusskerne oder Paranusskerne

Für den Quark-Öl-Teig:
800 g Weizenmehl
2 Pck. Backpulver
400 g Magerquark
200 ml Backobstflüssigkeit
200 ml Speiseöl
150 g Zucker
50 g Sultaninen
½ TL gemahlener Zimt
½ TL gemahlener Anis
2 EL Rosenwasser

Zubereitungszeit:
85 Minuten, ohne Einweichzeit

Pro Scheibe:
E: 5 g, F: 9 g, Kh: 36 g, kJ: 1064, kcal: 254

GUT VORZUBEREITEN – DAUERT LÄNGER

1 Zum Vorbereiten das Backobst über Nacht in Wasser einweichen. Anschließend in einem Sieb abtropfen lassen, die Flüssigkeit dabei auffangen und 200 ml davon abmessen. Dörrpflaumen und Feigen in grobe Würfel schneiden. Orangeat und Zitronat fein hacken. Nusskerne grob hacken.

2 Für den Teig Mehl mit Backpulver mischen und in eine Rührschüssel sieben. Quark, Backobstflüssigkeit, Speiseöl und Zucker hinzufügen. Die Zutaten mit Handrührgerät mit Knethaken auf höchster Stufe in etwa 1 Minute zu einem Teig verarbeiten (nicht zu lange, Teig klebt sonst).

3 Knapp die Hälfte des Teiges mit Dörrpflaumen- und Feigenwürfeln, Orangeat, Zitronat, Nusskernen, Sultaninen, Zimt, Anis und Rosenwasser verkneten und daraus drei kleine, ovale Laibe formen.

4 Restlichen Teig auf einer bemehlten Arbeitsfläche ausrollen, in drei Teile teilen und mit Wasser bestreichen. Die Laibe einzeln gut darin einwickeln.

5 Die Teigbrote mit der Naht nach unten auf ein Backblech (mit Backpapier belegt) legen, mit Wasser bestreichen und mit einem Holzspieß einige Löcher in den Teig stechen. Das Backblech in den Backofen schieben.

Ober-/Unterhitze: etwa 180 °C (vorgeheizt)
Heißluft: etwa 160 °C (nicht vorgeheizt)
Gas: Stufe 2–3 (nicht vorgeheizt)
Backzeit: etwa 70 Minuten.

6 Die Hutzelbrote evtl. gegen Ende der Backzeit mit Backpapier zudecken, damit Sie nicht zu dunkel werden. Die Brote mit dem Backpapier vom Backblech auf einen Kuchenrost ziehen. Brote erkalten lassen.

Adventstorte

Zutaten

16 Stück

Für den Boden:
125 g Gewürzspekulatius oder Nussplätzchen
50 g Butter

Für die Creme:
4 Blatt weiße Gelatine
250 g Mascarpone (italienischer Frischkäse)
250 g Magerquark
2 EL flüssiger milder Honig
1 Pck. Vanillin-Zucker
1 ½ TL gemahlener Zimt
75 g Zucker
250 ml (¼ l) Schlagsahne

1–2 Baiserschalen (40 g)
2 TL Kakaopulver

Zubereitungszeit:
30 Minuten, ohne Kühlzeit

Pro Stück:
E: 4 g, F: 16 g, Kh: 15 g,
kJ: 925, kcal: 221

RAFFINIERT

1 Für den Boden eine runde Tortenspitze auf eine Tortenplatte legen. Einen Tortenring (Ø 20–22 cm) darauf stellen. Spekulatius oder Nussplätzchen in einen Gefrierbeutel geben, den Beutel fest verschließen. Die Plätzchen mit einer Teigrolle fein zerbröseln. Spekulatius- oder Nussplätzchenbrösel in eine Rührschüssel geben. Butter zerlassen, mit den Bröseln gut vermengen, in den Tortenring geben und mit Hilfe eines Esslöffels gleichmäßig zu einem flachen Boden andrücken. Boden kalt stellen.

2 Für die Creme Gelatine in kaltem Wasser nach Packungsanleitung einweichen. Mascarpone mit Quark, Honig, Vanillin-Zucker, Zimt und Zucker verrühren. Die Hälfte der Sahne steif schlagen. Gelatine ausdrücken, in einem kleinen Topf unter Rühren erwärmen (nicht kochen), bis sie völlig gelöst ist, leicht abkühlen lassen. Gelatine mit etwas von der Mascarpone-Quark-Masse verrühren, dann unter die restliche Masse rühren. Sahne unterheben. Die Creme auf den Boden geben und glatt streichen. Die Torte 2–3 Stunden kalt stellen.

3 Den Tortenring lösen und entfernen. Restliche Sahne steif schlagen und in Wellen auf die Tortenoberfläche streichen. Kurz vor dem Servieren die Baiserschalen hacken und auf die Sahne streuen. Die Torte mit Kakao bestäuben.

Friesische Weihnachtstorte

Zutaten

16 Stück

Für den Knetteig:
250 g Weizenmehl
1 Msp. Backpulver
2 Pck. Vanillin-Zucker
1 Becher (150 g) Crème fraîche
175 g Butter oder Margarine

Für die Streusel:
150 g Weizenmehl
75 g Zucker
1 Pck. Vanillin-Zucker
1 Msp. gemahlener Zimt
100 g Butter oder Margarine

Für die Füllung:
450 g Pflaumenmus
500 ml (½ l) Schlagsahne
25 g Zucker
1 Pck. Vanillin-Zucker
2 Pck. Sahnesteif

Zum Bestäuben:
Puderzucker

Zubereitungszeit:
70 Minuten, ohne Kühlzeit

Pro Stück:
E: 4 g, F: 27 g, Kh: 43 g,
kJ: 1870, kcal: 447

KLASSISCH

1 Für den Teig Mehl mit Backpulver mischen und in eine Rührschüssel sieben. Restliche Zutaten hinzufügen und mit Handrührgerät mit Knethaken zunächst kurz auf niedrigster, dann auf höchster Stufe gut durcharbeiten. Anschließend auf einer bemehlten Arbeitsfläche zu einem glatten Teig verkneten. Sollte er kleben, ihn in Folie gewickelt eine Zeit lang kalt stellen.

2 Den Teig vierteln. Jedes Teigstück auf dem Boden einer Springform (Ø 28 cm, Boden gefettet) ausrollen, dabei am Rand nicht zu dünn ausrollen. Teigboden mehrmals mit einer Gabel einstechen. Den Springformrand darumlegen.

3 Für die Streusel Mehl in eine Rührschüssel sieben. Restliche Zutaten hinzufügen und mit Handrührgerät mit Rührbesen zu Streuseln verarbeiten. Die Knetteigböden mit den Streuseln bestreuen. Die Formen nacheinander (bei Heißluft zusammen) auf dem Rost in den Backofen schieben.

Ober-/Unterhitze: etwa 200 °C (vorgeheizt)
Heißluft: etwa 180 °C (vorgeheizt)
Gas: Stufe 3–4 (vorgeheizt)
Backzeit: etwa 15 Minuten je Boden.

4 Jeden Boden sofort nach dem Backen vom Springformboden lösen, aber darauf erkalten lassen. Einen Boden noch heiß in 16 Tortenstücke schneiden.

5 Für die Füllung die 3 unzerteilten Tortenböden zunächst mit jeweils einem Drittel des Pflaumenmus bestreichen. Sahne mit Zucker, Vanillin-Zucker und Sahnesteif steif schlagen. Die Hälfte davon in einen Spritzbeutel mit Sterntülle füllen. Restliche Sahne gleichmäßig auf den bestrichenen Böden verteilen. Auf alle 3 Böden am Rand mit Sahne einen Kranz spritzen.

6 Die drei Böden zu einer Torte zusammensetzen. Den geschnittenen Boden fächerartig darauf legen. Die Torte 2–3 Stunden kalt stellen und vor dem Servieren mit Puderzucker bestäuben.

Trüffeltorte

Zutaten

16 Stück

Zum Vorbereiten:
100 g Zartbitterschokolade
250 ml (¼ l) Schlagsahne
50 g Zartbitterschokolade

Für den Biskuitteig:
5 Eigelb (Größe M)
100 g Zucker
1 Pck. Vanillin-Zucker
5 Eiweiß (Größe M)
50 g Zucker
170 g Weizenmehl
3 gestr. TL Backpulver

Für die Trüffelsahne:
250 ml (¼ l) Schlagsahne
2 Pck. Sahnesteif
1 Pck. Finesse Jamaica-Rum-Aroma

Zum Bestreuen und Garnieren:
geschabte Halbbitter-Kuvertüre
Kakaopulver, Puderzucker
einige Trüffelpralinen

Zubereitungszeit:
60 Minuten, ohne Kühlzeit

Pro Stück:
E: 5 g, F: 15 g, Kh: 24 g,
kJ: 1113, kcal: 266

GUT VORZUBEREITEN

1 Zum Vorbereiten Schokolade (100 g) in kleine Stücke brechen. Sahne unter Rühren zum Kochen bringen und darin schmelzen, mit Frischhaltefolie zudecken und über Nacht kalt stellen. Schokolade (50 g) zerkleinern, im Wasserbad zu einer geschmeidigen Masse verrühren, etwas abkühlen lassen.

2 Für den Teig Eigelb mit Handrührgerät mit Rührbesen auf höchster Stufe in 1 Minute schaumig schlagen. Zucker mit Vanillin-Zucker mischen, in 1 Minute einstreuen, dann noch etwa 2 Minuten schlagen. Aufgelöste Schokolade zur Eigelb-Zucker-Masse geben und so lange schlagen, bis eine cremeartige Masse entstanden ist. Eiweiß mit Zucker steif schlagen und unterheben. Mehl mit Backpulver mischen, die Hälfte davon auf die Eiercreme sieben und kurz unterziehen. Restliches Mehlgemisch unterarbeiten. Den Teig in eine Springform (Ø 26 oder 28 cm, Boden gefettet, mit Backpapier belegt) füllen. Die Form auf dem Rost in den Backofen schieben.

Ober-/Unterhitze: etwa 180 °C (vorgeheizt)
Heißluft: etwa 160 °C (nicht vorgeheizt)
Gas: Stufe 2–3 (nicht vorgeheizt)
Backzeit: etwa 40 Minuten.

3 Boden lösen und auf einen mit Backpapier belegten Kuchenrost stürzen. Mitgebackenes Backpapier abziehen. Boden erkalten lassen und einmal waagerecht durchschneiden.

4 Für die Trüffelsahne die Sahne zu der kalt gestellten Schokoladensahne geben und mit Handrührgerät mit Rührbesen auf höchster Stufe etwa ½ Minute schlagen. Sahnesteif und Aroma hinzufügen. Sahne vollständig steif schlagen. Den unteren Boden auf eine Tortenplatte legen und gleichmäßig mit zwei Drittel der Trüffelsahne bestreichen. Den oberen Boden darauf legen. Tortenrand und -oberfläche gleichmäßig mit der restlichen Trüffelsahne bestreichen. Rand mit geschabter Kuvertüre bestreuen. Torte 3 Stunde kalt stellen. Oberfläche mit Kakao bestäuben, eine Schablone auflegen, mit Puderzucker bestäuben und Schablone abheben. Torte mit Trüffelpralinen garnieren.

Orangen-Schichttorte

Zutaten

16 Stück

Für den Rührteig:
175 g Butter oder Margarine
175 g Zucker
1 Pck. Vanillin-Zucker
1 Prise Salz
3 Eier (Größe M)
150 g Weizenmehl
30 g Speisestärke
1 gestr. TL Backpulver

Für den Guss:
200 g Halbbitter-Kuvertüre
30 g Kokosfett

Für die Füllung:
2 Pck. Pudding-Pulver Vanille-Geschmack (ohne Kochen), z. B. Galetta
300 ml Orangensaft
750 ml (¾ l) Schlagsahne

Zum Garnieren und Bestreuen:
einige Orangenfilets
gehackte Pistazienkerne

Zubereitungszeit:
80 Minuten, ohne Abkühl- und Trockenzeit

Pro Stück:
E: 4 g, F: 31 g, Kh: 34 g, kJ: 1866, kcal: 446

DAUERT ETWAS LÄNGER

1 Für den Teig Butter oder Margarine mit Handrührgerät mit Rührbesen auf höchster Stufe geschmeidig rühren. Nach und nach Zucker, Vanillin-Zucker und Salz hinzufügen. So lange rühren, bis eine gebundene Masse entstanden ist. Eier nach und nach unterrühren (jedes Ei etwa ½ Minute).

2 Mehl mit Speisestärke und Backpulver mischen, sieben und portionsweise auf mittlerer Stufe unterrühren. Aus dem Teig 4 Böden backen, dazu jeweils ¼ des Teiges auf je einen Springformboden (Ø 26 cm, Boden gefettet) streichen. Jeden Boden ohne Springformrand backen. Die Formen nacheinander (bei Heißluft zusammen) auf dem Rost in den Backofen schieben.

Ober-/Unterhitze: 180–200 °C (vorgeheizt)
Heißluft: 160–180 °C (vorgeheizt)
Gas: etwa Stufe 3 (vorgeheizt)
Backzeit: etwa 10 Minuten je Boden.

3 Die Gebäckböden sofort nach dem Backen vom Springformboden lösen, einzeln auf einem Kuchenrost erkalten lassen.

4 Für den Guss Kuvertüre in Stücke hacken, mit Kokosfett in einem kleinen Topf im Wasserbad bei schwacher Hitze zu einer geschmeidigen Masse verrühren. Die Oberfläche der Gebäckböden damit bestreichen. Einen der Gebäckböden in 16 Stücke schneiden. Den Guss gut trocknen lassen.

5 Für die Füllung einen Pudding aus Pudding-Pulver nach Packungsanleitung, aber mit Orangensaft und Sahne zubereiten. Die Puddingmasse in einen Spritzbeutel mit Lochtülle füllen. Drei Gebäckböden mit der Creme bespritzen, zusammen mit dem geschnittenen Gebäckboden zu einer Torte zusammensetzen. Die Torte mit Orangenfilets garnieren und mit Pistazienkernen bestreuen.

Torte zum Advent

Zutaten

16 Stück

Für den Boden:
175 g Gewürzspekulatius
100 g nicht abgezogene, grob gemahlene Mandeln
125 g Butter

Für den Belag:
1 Glas Sauerkirschen (Abtropfgewicht 370 g)
1 Glas Wild-Preiselbeer-Dessert (Abtropfgewicht 175 g)

1 Pck. Tortenguss, rot
2 EL Zucker
125 ml (⅛ l) Sauerkirsch-Preiselbeer-Saft-Mischung
125 ml (⅛ l) Rotwein

Zum Verzieren und Garnieren:
400 ml (½ l) Schlagsahne
1 Pck. Sahnesteif
1 Pck. Vanillin-Zucker
16 Gewürzspekulatius

Zubereitungszeit:
55 Minuten, ohne Kühlzeit

Pro Stück:
E: 3 g, F: 21 g, Kh: 22 g, kJ: 1269, kcal: 303

FÜR GÄSTE – MIT ALKOHOL

1 Für den Boden eine runde Tortenspitze auf eine Tortenplatte legen. Einen geschlossenen Springformrand (Ø 26 cm) ohne Boden darauf stellen. Spekulatius in einen Gefrierbeutel geben, den Beutel verschließen, die Spekulatius mit einer Teigrolle sehr fein zerbröseln. Spekulatiusbrösel und Mandeln in eine Rührschüssel geben.

2 Butter zerlassen, mit der Spekulatiusbrösel-Mandel-Mischung gut vermengen, in den Springformrand geben und mit Hilfe eines Esslöffels gleichmäßig zu einem flachen Boden andrücken.

3 Für den Belag Kirschen und Preiselbeeren in einem Sieb gut abtropfen lassen, den Saft dabei auffangen und 125 ml (⅛ l) davon abmessen.

4 Einen Guss aus Tortengusspulver, Zucker, Saft und Rotwein nach Packungsanleitung zubereiten. Sauerkirschen und Preiselbeeren hinzugeben und unterrühren, abkühlen lassen.

5 Die Fruchtmasse auf den Spekulatius-Mandelboden geben. Torte etwa 2 Stunden kalt stellen. Springformrand lösen und entfernen.

6 Zum Verzieren und Garnieren Sahne mit Sahnesteif und Vanillin-Zucker steif schlagen und in einen Spritzbeutel mit großer Sterntülle füllen. 16 Tortenstücke markieren, diese mit Sahne spiralförmig ausspritzen. An jede Sahnespirale einen Spekulatius fächerartig anlehnen. Torte etwa 1 Stunde kalt stellen.

Tipp: *Nach Belieben die Torte entweder nur mit Sauerkirschen oder nur mit Preiselbeeren (Abtropfgewicht je etwa 550 g) zubereiten. Zum Garnieren mit Schokolade überzogene Spekulatius verwenden.*

Ratgeber

Gewürzmischungen

Gerade für die Weihnachtsbäckerei gibt es fertige Gewürzmischungen. Diese vereinfachen z. B. die Herstellung von Lebkuchen, da man nicht viele Einzelpackungen der verschiedenen Weihnachtsgewürze vorrätig haben muss. Man kann diese Mischungen aber auch selber herstellen. Christstollengewürz z. B. besteht aus folgenden Einzelgewürzen: Zimt, Zitronenschale, Kardamom, Ingwer, Nelken, Galgantwurzel und Muskatblüte.
Lebkuchengewürz besteht aus folgenden Einzelgewürzen: Zimt, Orangenschale, Zitronenschale, Koriander, Sternanis, Muskatblüte, Fenchel, Nelke und Kardamom.
Wenn man seine Gewürzmischung selber zusammenstellen möchte, kann man die Gewürze in folgenden Mengen zusammenstellen: je 1 Teelöffel Zimt und Zitronen- und/oder Orangenschale und 3–4 Messerspitzen Ingwer, Nelke, Kardamom, Muskat u.s.w.
Gewürze die nicht im Handel erhältlich sind, bekommt man meistens in der Apotheke (z. B. Galgant).

Das Backen von Plätzchen und Kleingebäck:

Oftmals werden mehrere Bleche gleichzeitig benötigt, da kann man sich mit Backpapier gut behelfen. Backpapier in der Größe des Backbleches zuschneiden, auf der Arbeitsfläche auslegen. Plätzchen ausstechen oder formen und anschließend mit dem Backpapier von der offenen Blechseite aufs Backblech ziehen. So kann der Teig schon weiter verarbeitet werden, während das Blech gerade im Ofen ist.
Fettreiche Teige (z. B. Knetteige) können direkt auf ungefettete Backbleche gelegt werden.
Backpapier kann man generell zum Backen von Plätzchen verwenden. Aber das Papier nimmt etwas von der Unterhitze, so dass z. B. Knetteiggebäcke direkt auf dem Blech gebacken etwas besser ausbacken und etwas krosser sind.
Plätzchen sollten sofort nach dem Backen vom Blech gezogen werden und auf einem Auskühlgitter erkalten. Sonst kann Schwitzfeuchtigkeit ins Gebäck gelangen und es wird weicher.
Sollen an einem Tag mehrere Gebäcksorten zubereitet werden, kann man die Teige zum größten Teil am Vortag zubereiten. Knetteige eignen sich generell dazu, Rührteige zum Spritzen sollten nicht so lange kalt stehen, sonst wird das verwendete Fett zu fest und man kann den Teig nicht mehr spritzen. Makronenmassen müssen direkt nach der Zubereitung weiter verarbeitet werden.
Fast alle Gebäcke lassen sich mit Butter oder Margarine herstellen. Bei den Kurzzeitgebäcken wie Plätzchen ist der Buttergeschmack deutlich feststellbar, allerdings kann bei gespritzten Gebäcken die Kontur etwas verlaufen. Wichtig ist in jedem Fall die genaue Einhaltung der vorgegebenen Menge. Bei Formengebäcken aus Rührteig (lange Backzeit) ist der Buttergeschmack nicht mehr feststellbar, und Butter bringt bei Rührteigen immer ein geringeres Volumen.

Plätzchen-Vorratshaltung:

Alle Gebäcke müssen vor dem Verpacken ganz erkaltet sein. Generell Plätzchen kühl und trocken aufbewahren. Plätzchen und Kleingebäck das knusprig bleiben soll, muss in fest schließenden Dosen aufbewahrt werden. Wenn man sich nicht sicher ist, ob die Dosen wirklich luftdicht schließen, am besten eine Lage Alufolie zwischen Deckel und Dose klemmen.
Plätzchen die weich werden sollen (z. B. Springerle, Pfeffernüsse) so lange an der Luft stehen lassen, bis sie die gewünschte Konsistenz erreicht haben. Dann in Dosen mit lose aufgelegten Deckel verpacken. Damit die Gebäcke weich bleiben, eine Scheibe Brot oder eine Apfelhälfte mit in die Dose legen. Das Gebäck nimmt dann die dort enthaltene Feuchtigkeit auf. Ganz wichtig ist, Brotscheibe oder Apfelhälfte häufig auszuwechseln, da es sonst zu Schimmelbildung kommen kann.
Plätzchen jeweils nach Sorten getrennt verpacken. Bei gefüllten und glasierten Gebäcken immer eine Lage Backpapier zwischen die einzelnen Schichten Gebäck legen. Makronen immer in fest schließenden Dosen aufbewahren. Richtige Lagerdauer beachten. Grundsätzlich gilt: Gewürzte Gebäcke und Plätzchen sollten vor dem Verzehr einige Tage liegen, damit sich die Gewürze voll entfalten können. Um immer frisch Gebackenes zu haben, kann man z. B. Knetteiggebäck ausrollen, ausstechen, auf Bleche oder Backpapier legen und einfrieren. Wenn dann frisches Gebäck gewünscht wird, die vorbereiteten Bleche einfach in den Backofen schieben. Die Backzeit erhöht sich dann um 2–4 Minuten.
Figürliches aus Lebkuchenteig (z. B. Knusperhaus, Baumschmuck) immer erst richtig trocknen lassen – mindestens über Nacht – sonst verformt sich das Gebäck durch die noch enthaltene Feuchtigkeit.
Gefülltes Gebäck (Teegebäck) wird sehr schnell weich. Deshalb die Plätzchen auf Vorrat backen, aber nach Bedarf füllen und zusammensetzen.
So bleibt das Gebäck immer frisch und kross, und man hat schnell ein attraktives Plätzchen zum Servieren.

Ratgeber

Fahrplan für die Weihnachtsbäckerei

Zeitpunkt	Gebäcksorte	Bemerkung
4 Wochen vorher	Stollen	- Gut verpacken - Kühl und trocken aufbewahren - Gewürze müssen gut durchziehen - Gefriergeeignet
3–4 Wochen vorher	gewürzte Rührteiggebäcke, z. B. Baumkuchenecken, Grillkuchen, Honigkuchen auf dem Blech, Spekulatius	- Gut verpacken - Kühl und trocken aufbewahren - Z. T. gefriergeeignet - Gewürze müssen sich entfalten (mindestens 2–3 Tage)
3–4 Wochen vorher	Rührteiggebäcke, z. B. Spritzgebäck, Cappuchinoecken	- Gut verpacken - Kühl und trocken aufbewahren - Schmecken frisch und noch nach 4 Wochen
3–4 Wochen vorher	Knetteiggebäcke, z. B. ungefüllte Plätzchen, Nussecken, Schwarz-Weiß-Gebäck, Nusstaler	- Gut verpacken - Kühl und trocken aufbewahren - Gefriergeeignet
3 Wochen vorher	Konfekt und Pralinen	- Ohne Verwendung von rohem Ei - Kühl und trocken aufbewahren - Gut verpacken
2 Wochen vorher	Gefüllte und feuchte Gebäcke, z. B. Teegebäck, Zimtsterne, Punschherzen	- Gut verpacken (zwischen jede Gebäcklage ein Stück Backpapier) - Kühl und trocken aufbewahren - Nicht gefriergeeignet
1–2 Wochen voerher	Makronen, z. B. Orangenmakronen, Kokosmakronen	- Gut verpacken (fest schließende Dosen) - Kühl und trocken lagern - Nicht gefriegeeignet
1–2 Wochen vorher	Konfekt und Pralinen mit Ei	- Nur frisches Ei verwenden - Kühl und trocken aufbewahren - Bedingt gefriergeeignet
max. 1 Woche vorher	Rührteiggebäcke, z. B. Gewürzkuchen, Glühweinkuchen	- Gewürze müssen durchziehen (mind. 2 Tage) - Gut verpacken - Kühl und trocken aufbewahren
3–4 Tage vorher	Rührteiggebäcke, z. B. Glühweinmuffins, gefüllter Stern	- Gut verpacken - Kühl und trocken aufbewahren - Evtl. kurz aufbacken - Gefriergeeignet
2 Tage vorher	Torten, z. B. Adventstorte, Mokka-Sahne-Kranz, Weihnachtstorte	- Müssen durchziehen - Gut verpacken - Gekühlt servieren - Gefriergeeignet
2–3 Tage vorher	Böden vorbereiten, z. B. Prinzregenten, Weihnachtstorte, Flana-Törtchen	- Gut verpacken - Nur frisch (max. 1 Tag vorher) füllen - Gefriergeeignet
1–2 Tage vorher	Torten fertig stellen	

Alphabetisches Register

Alphabetisches Register

Kapitelregister

Plätzchen

Kleingebäck

Kapitelregister

Umwelthinweis: Dieses Buch und der Einband wurden auf chlorfrei gebleichtem Papier gedruckt. Die Einschrumpffolie – zum Schutz vor Verschmutzung – ist aus umweltfreundlichem und recyclingfähigem PE-Material.

Wenn Sie Anregungen, Vorschläge oder Fragen zu unseren Büchern haben, rufen Sie uns unter folgender Nummer an (0521) 1 55 25 80 oder 52 06 50 oder schreiben Sie uns: Dr. Oetker Verlag KG, Am Bach 11, 33602 Bielefeld.

Redaktion: Carola Reich, Sabine Puppe, Annette Riesenberg

Titelfoto: Thomas Diercks, Hamburg

Innenfotos: Kai Boxhammer, Hamburg
Ulrich Kopp, Füssen
Bernd Lippert, Bielefeld
Norbert Toelle, Bielefeld
Brigitte Wegner, Bielefeld

Rezeptentwicklung und -beratung: Sabine Lange, Oetzen
Anke Rabeler, Hamburg
Maik Schacht, Hamburg
Eike Upmeier-Lorenz, Herford
Mechthild Plogmaker, Versuchsküche Dr. Oetker, Bielefeld

Grafisches Konzept: Björn Carstensen, Hamburg
Gestaltung: Kontur Design, Bielefeld
Titelgestaltung: Kontur-Design, Bielefeld

Reproduktionen: Repro Schmidt, Dornbirn, Österreich
Satz: Typografika, Bielefeld
Druck und Bindung: Appl Druck GmbH & Co. KG, Wemding

ISBN 3-7670-0572-7